Paul Bartsch

LiveRillen No. 3

Konzerte aus sechs Jahrzehnten Rockmusikgeschichte – direkt vom Plattenteller abgedreht

Radio CORAX auf UKW 95.9 KHz und weltweit im Netz:
https://radiocorax.de

Hinweise in eigener Sache:

Aufgrund der Vielzahl und des Alters der im Text erwähnten Schallplatten ist es schier unmöglich, die jeweiligen Bild- und Urheberrechte für die Cover bei den größtenteils nicht mehr existierenden Labels zu klären. Ich habe die Cover hier *in durchaus werbender Absicht* in den Text eingefügt. Als *Quelle* sind die konkreten Plattenausgaben mit Label und Erscheinungsjahr angegeben. Sollte(n) sich der oder die Inhaber der jeweiligen Rechte dennoch benachteiligt fühlen, bitte ich um entsprechende Information – sicher finden wir gemeinsam eine probate Lösung.

Falls Sie Interesse haben, die eine oder andere LiveRillen-Sendung komplett nachzuhören, stelle ich Ihnen diese gern zur Verfügung. Die mp3-Datei wird Ihnen per WeTransfer übertragen und ist *ausschließlich für den privaten Gebrauch* gedacht!

Anfragen richten Sie bitte per Mail an: liverillen@gmx.de.

Titelfoto: © Hannes Wiedemann | Leipzig | 2021

Herstellung und Verlag: BoD – Books on Demand, Norderstedt

ISBN: 9783754324011

4. durchgesehene und korrigierte Auflage | Februar 2022
Preis: 7,00 Euro

Eine weitere Rille vorab

Wie sagte schon Loriot: *Ein Leben ohne Schallplatten sei zwar möglich, aber sinnlos.* Oder so ähnlich...

Nun, zumindest ist es für jene, die eifrig den rarer werdenden alten Scheiben in diversen Second-Hand-Läden oder auf Plattenbörsen hinterherjagen, ein erfüllendes Hobby, das – wie wahrscheinlich jedes andere Hobby zwischen Philatelie und Schrebergarten auch – die Eigenschaft hat, die Kommunikation zwischen einander zuvor völlig Fremden, aber erkennbar Gleichgesinnten zu beflügeln. Und so ist es noch nie passiert, dass sich bei meinen (vor Corona erfolgten und hoffentlich bald wieder möglichen) Besuchen in Plattenläden – ganz gleich ob in Warnemünde oder Leipzig, in Dresden oder Frankfurt – nicht interessante Gespräche ergeben hätten, deren Ausgangspunkt eben das war, was man gerade in Händen hielt oder wonach man mal wieder vergebens suchte. Da werden Tipps gegeben, Erfahrungen ausgetauscht, rare Fundstücke bestaunt. Schallplattensammler sind rasch per Du, und erfreulicherweise keineswegs nur männlich und im Rentenalter. Auch wenn es da – zugegeben – schon eine gewisse Konzentration gibt, die sich habituell in schütterem Grauhaar, etwas weiteren Jeans und verbeultem Parka manifestiert. Mal sehr pauschal gesprochen.

Wie der Philatelist die *Blaue Mauritius* und der Kleingärtner *den größten Kürbis* wertschätzt, so haben natürlich auch Schallplattenfreunde Träume. Und für seltene Exemplare und spezielle Pressungen werden schon mal höhere Summen aufgerufen. Wie bei jeder Leidenschaft kann man auch hier übertreiben. Ich gestehe, dass es mir vorrangig um die Musik geht – wenn die klingt, dann nehme ich auch eine Pressung aus Indien oder von Yugoton in Kauf. Dem Cover einer Bluesplatte von *John Mayall* oder *Muddy Waters* darf man ruhig ansehen, dass es in mehr als fünfzig Jahren durch viele Hände gegangen ist, und selbst den einen oder anderen Knackser kann ich verzeihen. Es ist eben kein Null-Eins-codierter Digitalstream, sondern (so lautet mein werbender Slogan für die monatliche LiveRillen-Sendung auf Radio Corax) *„der analoge Hörgenuss im digitalen Zeitalter".* Dafür nehme ich gern vermeintliche, aber sehr authentische Abstriche in Kauf. Hinzu kommt, dass auch meine Plattenspieler keineswegs High-End-Produkte auf der nach oben offenen Preisskala sind – eher untere Mittelklasse, bestenfalls. Auch da ergibt sich ja für Sound-Fetischisten ein unerschöpfliches Diskussionsfeld, zu dem ich nur wenig beitragen kann.

Verwunderung löst bei den sich spontan ergebenden Gesprächen mit anderen Jüngern der schwarzen Scheiben allerdings jedes Mal mein Geständnis aus, ausschließlich *Live-Alben* zu sammeln. In den fünf Jahren, die seit meinem richtungsweisenden Entschluss vergangen sind, habe ich auch noch nie jemanden getroffen, der dies in dieser Konsequenz auch tut. Ja, mehr noch: Viele der Sammler lassen genau davon die Finger und bevorzugen Studio-LPs, aus welchen

Gründen auch immer. Das hat für mich den Vorteil, dass ich eben doch das eine oder andere Schnäppchen aus den Kisten und Kartons fischen kann. Nach meinen Gründen für diese besondere Ausrichtung befragt, führe ich neben der Tatsache, dass mich als Musiker besonders interessiert, was andere auf der Bühne leisten (*Die Praxis ist das Kriterium der Wahrheit*, nicht wahr?!) natürlich meine seit April 2018 laufende Radiosendung ins Feld, die mir inzwischen selbst zu einem echten Bedürfnis geworden ist. Dass ich darauf auch Resonanz von Hörerinnen und Hörern bekomme, ist ein wunderbarer Effekt. Und ich bin immer wieder erstaunt, auf welche Dinge ich – ausgehend von einem bestimmten Song, einem besonderen Konzertort, einer Band, einer Jahreszahl – bei der vertiefenden Recherche so stoße.

Jüngst habe ich mir etwa die Mühe gemacht, alle (also wirklich alle!) Musikerinnen und Musiker, die an den jeweiligen Liveaufnahmen beteiligt waren, mit ihren Instrumenten in einer alphabetischen Liste zu erfassen. Diese Liste ist nunmehr einhundertsechs Seiten lang und macht deutlich, wer da schon mit wem livehaftig zugange gewesen ist. Höchst aufschlussreich – und eine gute Hilfe bei der Vorbereitung meiner Sendungen, wenn ich etwa zeigen will, wessen Musik durch das herausragende Saxofonspiel von *Mel Collins* veredelt wurde, mit wem *Eric Clapton* im Laufe der Jahrzehnte die Bühne teilte oder in welchen personellen Zusammenhängen *Jim Gordon* am Schlagzeug gesessen hat.

Nun gut, das braucht natürlich nicht jeder. Wer dennoch Interesse an dieser Liste (oder auch jener Übersicht, in der ich mein Live-Archiv komplett erfasst habe) hat, mag mir eine Mail schreiben (siehe Seite 127), dann schicke ich gern die Listen als PDF-Datei zu.

Meine Sammlung ist übrigens wachstumsbegrenzt. Bei Tausend ist Schluss! Klingt etwas willkürlich, aber irgendwo muss man ja den Strich ziehen. Derzeit stehen 965 Platten in meinen Regalen. Viel Platz ist also nicht mehr, und einige Wünsche sind durchaus noch offen (abgesehen davon, dass ja immer wieder alte, bisher unbekannte Aufnahmen aus Archiven ans Tageslicht befördert und auf 180-Gramm-Vinyl veröffentlicht werden). Aber gut – ich kann mich ja im Laufe der Zeit von einigen Platten trennen, um den Neuankömmlingen den Zugang zu gewähren. Und da kann ich nur hoffen, dass es auch in Zukunft Menschen geben wird, die meine Leidenschaft für die (zumeist) schwarzen Scheiben mit der wunderbare Klangwelten erzeugenden Rille teilen. Denn wie sagte schon Loriot ganz richtig…?

In diesem Sinne wünsche ich euch mit diesem dritten Band der LiveRillen, der die Sendungen 28 bis 38 (Juli 2020 bis Mai 2021) umfasst, eine entspannte – und in euerm Inneren wohlklingende – Lektüre!

Also: Auf Weiteres!

No. 28:   Jazz rockt's! – Teil I

Juli 2020

Heute geht es um ein Genre der populären Musik, das es durchaus nicht einfach hatte, sich vor nunmehr über 50 Jahren in der einerseits durch den britischen Mersey-Beat, andererseits durch den Rhythm&Blues US-amerikanischer Prägung bestimmten Musikmarkt zu etablieren: Jazzrock – und den Begriff verwende ich im weiten Sinne.

Natürlich war Jazz spätestens seit den so genannten *Goldenen Zwanzigern* beliebt und nach dem Ende des Zweiten Weltkriegs auch wieder in Europa populär, aber sein Publikum unterschied sich doch deutlich von jenem, das beim Hüftschwung von *Elvis* oder angesichts von *Paul, John, George* und *Ringo* gerne mal in Ohnmacht fiel.

Wobei natürlich auch Jazz keineswegs homogen war: Da gab es die Bigbands von *Duke Ellington, Count Basie* und *Benny Goodman* oder das britische *Pasadena Roof Orchestra* mit seinem mitreißenden Swing neben dem feucht-fröhlichen Dixieland oder der doch eher cool-intellektuellen Improvisationsmusik der zahllosen Solisten und kleineren Ensembles bis hin zum Free Jazz. Einig war man sich offenbar nur in der Abgrenzung zur doch eher als trivial empfundenen Beat- und Rockmusik.

Nun ja – musikalische Genregrenzen können schwer bewacht sein – undurchdringlich sind sie natürlich nicht. Und wurden die mutigen Grenzgänger beider Lager auch anfangs entweder belächelt oder beschimpft, so überzeugte doch sehr schnell die aufgrund der Virtuosität vieler Jazzer durch die Fusion mit Rock, Blues und Pop freigesetzte Qualität und Originalität, auch wenn sich das nicht unbedingt in Hitparadenplatzierungen der doch eher konventionell ausgerichteten Charts niederschlug.

Starten wir mit zwei der bekanntesten Bands, die vor einem reichlichen halben Jahrhundert ihre Rockbesetzung mit einem treibenden Bläsersatz erweiterten und sich dadurch neue musikalische Horizonte erschlossen: *Chicago* und *Blood, Sweat & Tears*.

Chicago gründeten sich aus dem Vorläufer *Big Thing* 1968 noch unter dem Namen *Chicago Transit Authority* in der nämlichen Millionenstadt im mittleren Osten der USA. Alle Bandmitglieder waren Profimusiker, die zuvor in teils hochkarätigen Jazzformationen gespielt hatten. Ihren Durchbruch feierten sie bereits ein Jahr später durch ihre regelmäßigen Konzerte an kalifornischen Colleges und Universitäten; rund 200 Auftritte im Jahr waren keine Seltenheit. Ihre musikalische Ausrichtung beschreibt *Siegfried Schmidt-Joos* als Melange aus „*Beatles-Harmonien, Country-Melismatik, Free Jazz-Techniken, Neutöner-Effekte und Big Band-Swing*", was nach seiner Auffassung einen wirklich eigenen Stil verhindert habe.

Da darf man durchaus anderer Meinung sein, auch wenn der energiereiche *Chicago*-Sound in den späten 70er Jahren dann tatsächlich immer mehr verwässerte durch zwar kompositorisch ausgefeilte, insgesamt aber weichgespülte Songs a la „If You Leave Me Now" oder „Hard To Say I'm Sorry", bei denen sich Bassist *Peter Cetera* als Schmusesänger auszeichnen durfte.

Hier aber sind *Chicago* noch voller Jazzrock-Power im Jahr 1969 mit zwei ihrer bekanntesten Stücke: zunächst das rhythmusdominierte „I'm A Man" – geschrieben vom damals grade mal 17jährigen *Steve Winwood*, dem Keyboarder und Sänger der *Spencer-Davis-Group* – und danach das eingängige „25 Or 6 To 4", eine Komposition des *Chicago*-Keyboarders *Robert Lamm*.

Chicago: I'm A Man / 25 Or 6 To 4

Nun zur zweiten Jazzrock-Band jener Jahre, die mit großem Bläsersatz der populären Musik einen frischen Rückenwind verlieh: *Blood, Sweat & Tears*, ebenfalls 1968 gegründet und vom *Rolling Stone* als *die beste Sache, die der Rockmusik 1968 widerfahren sei,* begrüßt.

Zusammengerufen hatte die virtuosen Solisten der Organist *Al Kooper*, der zuvor mit seinem *Blues Project* bekanntgeworden war.

Blood, Sweat & Tears gelang es wohl auch aufgrund des charismatischen Sängers *David Clayton-Thomas*, das Publikum beider Lager zu überzeugen, zumal nicht nur die Studioproduktionen, sondern auch die Livekonzerte von herausragender Soundqualität waren. Und das, obwohl das Personalkarussell der Band doch ziemlich heftig rotierte.

Bei den Aufnahmen, die 1976 als Livealbum „In Concert" erschienen, war dann auch neben *Clayton-Thomas* nur noch Schlagzeuger *Bobby Colomby* von der Urbesetzung dabei. Dennoch sind es bemerkenswerte Livemitschnitte, die das

Potenzial der Band nachhaltig demonstrieren. Hier zwei ganz unterschiedliche Stücke: „Spinning Wheel", geschrieben von *David Clayton-Thomas*, und danach „I Love You More Than You'll Ever Know" aus der Feder von *Al Kooper*, das insbesondere *Anthony Klatka* an der Trompete viel Raum bietet, sich solistisch auszuzeichnen.

Blood, Sweat & Tears: Spinning Wheel / I Love You More Than You'll Ever Know

Mein persönlicher Favorit der Jazzrock-Band ist eine Coverversion, und die will ich auf jeden Fall noch präsentieren, weil sie gerade im Posaunensolo von *Dave Bargeron* den Humor der Gruppe aufzeigt: „And When I Die". Geschrieben von der US-Folksängerin *Laura Nyro,* hatten *Peter, Paul & Mary* den Song 1967 zu einem kleinen Hit gemacht. Ein Jahr später dann bemächtigten sich *Blood, Sweat & Tears* des Stückes und kitzelten heraus, was rauszuholen war – das geht in dieser Liveversion bis zum Blues, indem da kurzerhand *John Lee Hookers* „One Room Country Shack" integriert wird. Eine wunderbare Version, wie ich finde…

Blood, Sweat & Tears: And When I Die

Eine Band, die um 1970 herum trotz ausgesprochen hoher musikalischer Qualität nicht so recht aus dem Schatten von *Chicago* oder *Blood, Sweat & Tears* herauskam, war *Lighthouse,* in der zeitweise 13 kanadische Jazz- und Rockmusiker gemeinsam spielten. Sie gingen durch ausgefeilte Gesangssätze sowie den Einsatz von Violine und Cello sogar noch über die Konzepte ihrer US-amerikanischen Konkurrenten hinaus, ohne deren Erfolg auch nur annähernd zu erreichen. Immerhin gelangte dieses Stück 1970 in Kanada zu Gold-Ehren und konnte sich auch in den US-Charts platzieren: „One Fine Morning". Den hören wir gleich, zuvor noch ihr „Take It Slow" – hier sind *Lighthouse* live.

Lighthouse: Take It Slow / One Fine Morning

Das Konzert der kanadischen Band wurde im Februar 1972 in der New Yorker *Carnegie Hall* mitgeschnitten; *Lighthouse* bestand zu diesem Zeitpunkt noch aus zehn Musikern und interpretierte unter anderem auch eine viertelstündige Version des *Byrds*-Klassikers „Eight Miles High" aus der Feder von *David Crosby.* Als der große Durchbruch für die Kanadier auf sich warten ließ, versuchten sie in den Folgejahren durch Wechsel des Labels und eine weitere Kommerzialisierung ihres Stils in Richtung Disco-Sound, Boden gutzumachen – das misslang, und so verschwanden *Lighthouse* schon Mitte der 70er Jahre wieder von der Bildfläche. Wir springen jetzt über den großen Teich nach Europa, genauer gesagt nach London, wo sich 1970 ein sanfter Riese gründete: die Jazzrockgruppe *Gentle Giant.* Im Zentrum die Brüder *Phil, Derek* und *Raymond Shulman,* in Schottland geborene Multiinstrumentalisten, die zuvor mit einem gewissen *Reginald Dwight* musiziert hatten, der später als *Elton John* durchaus bekannt werden sollte… *Gentle Giant* verbanden wie kaum eine andere Band ihrer Zeit klassische Kompositionstechniken – den Kontrapunkt etwa – mit jazziger Spielweise bis hin

zum Free Jazz einerseits und rockiger Rhythmik andererseits. 1977 erschien ihr fulminantes Doppel-Live-Album „Playing The Fool", dessen Aufnahmen bei der Europa-Tour ein Jahr zuvor mitgeschnitten worden waren. Daraus jetzt ihr exemplarisches Stück „In A Glass House".

Gentle Giant: In A Glass House

Wir bleiben noch in England und bei einer weiteren führenden Fusion-Band dieser Zeit, die sich schlicht *Man* nannte. Von 1968 bis zu ihrer ersten Auflösung 1977 feierte die Gruppe der Gitarristen *Micky Jones* und *Deke Leonhard* vor allem in den USA große Erfolge mit ihrer explosiven Mischung aus Rock, Blues, Folk und Jazzelementen; letztere machten sich vor allem in den teils vertrackten rhythmischen Strukturen ihrer nicht unbedingt tanzbaren Titel bemerkbar. Mit einem Livealbum nahmen sie 1977 vorübergehend Abschied von der Öffentlichkeit, um sich dann in den Achtzigern und selbst bis heute immer mal wieder in wechselnder Besetzung zu reformieren – zeitweise war sogar der *Gentle-Giant*-Drummer *John Weather* dabei, den wir ja gerade mit seiner eigentlichen Band gehört haben.

„All's Well That Ends Well" – alles ist gut, was gut endet, so der Titel des besagten Abschieds-Albums, aus dem ich „Born With A Future" ausgewählt habe, ein mitreißender Fusion-Titel, der alle Vorzüge von *Man* in sich vereint, die zu diesem Zeitpunkt neben den beiden Gitarristen mit *Terry Williams* am Schlagzeug, *Philipp Ryan* an den Keyboards und *Martin Ace* am Bass spielten.

Man: Born With A Future / Die With A Past

Einen wichtigen Beitrag zu Fusion und Rockjazz hat in den 1970er Jahren auch eine weitere britische Band geleistet, die für ihren Bandnamen sogar nur zwei Buchstaben benötigte: *If*, 1969 in London gegründet von *John Mealing* (Keyboards), *Terry Smith* (Gitarre), *Jim Richardson* (Bass), *Dick Morrissey* (Saxofon, Querflöte), *J. W. Hodkinson* (Gesang, Percussion), *Spike Wells* (Schlagzeug) und *Dave Quincy* (Saxofon). Trotz ihrer überzeugenden Tourneen und ausgefeilter Kompositionen blieb der kommerzielle Erfolg aus; Mitte der 70er Jahre kam das Aus für *If*.

Insbesondere der im Jahr 2000 mit nur 60 Jahren an Krebs verstorbene *Dick Morrissey* machte später als Begleitmusiker zahlreicher Stars der Rock- und Jazzszene von sich reden. Ich lege jetzt die im April 1972 bei Konzerten in Deutschland eingespielte LP „On Tour In Germany" von *If* auf, und wir hören mit „Waterfall" eines ihrer bekanntesten Stücke – an der Querflöte brilliert *Dick Morrissey*, der den Song auch geschrieben hat.

If: Waterfall

Dass auch deutsche Musiker an der Entwicklung des Jazzrock als vielgestaltigem Subgenre der populären Musik ihren sicht- und vor allem hörbaren Anteil hatten, ist unbestritten. Vor allem *Klaus Doldinger* und seine hochkarätig besetzte Band *Passport* stehen dafür in den Jazzrock-Annalen fest verzeichnet. Der 1936 in Berlin geborene Saxofonist gehört bis heute nicht nur zu den bekanntesten Jazzern hierzulande, sondern ist auch erfolgreicher Filmkomponist – man denke an die „Unendliche Geschichte" oder an „Das Boot" – und natürlich mit der *Tatort*-Titelmelodie wöchentlich in den deutschen Fernsehstuben präsent, bekanntlich sitzt dabei *Udo Lindenberg* am Schlagzeug.

1971 gegründet, galten *Passport* aufgrund herausragender Platten und überzeugender Livekonzerte bald schon als deutsche Antwort auf *Joe Zawinuls Weather Report* oder *Chick Coreas Return To Forever*.

Da hatte *Klaus Doldinger* aber bereits eine lange Jazzkarriere hinter sich, die mit ersten Dixieland-Auftritten 1953 ihren Anfang genommen hatte. Somit stand 1973 das 20jährige Bühnenjubiläum an, und es gelang dem mit *Doldinger* befreundeten Konzertveranstalter und Plattenproduzenten *Siegfried Loch*, ein hochkarätiges Line-Up für zwei Jubiläumskonzerte in Hamburg und Düsseldorf zu versammeln, eine Traumbesetzung der damaligen Fusion-Szene. Auf der Bühne standen der Tenorsaxofonist *Johnny Griffin*, der Organist *Brian Auger*, *Alexis Korner* an der Gitarre, *Pete York* am Schlagzeug und dazu die deutsche *Creme de la Creme* mit dem Bassisten *Wolfgang Schmid*, mit *Curt Cress* am Schlagzeug, mit dem noch jungen, hoch talentierten Gitarristen *Volker Kriegel* und mit *Christian Schultze* am Fender-Piano.

Glücklicherweise hatte *Siegfried Loch* zudem das Rolling Stones Mobile geordert, sodass das Düsseldorfer Konzert mitgeschnitten und anschließend als Vinylausgabe veröffentlicht werden konnte. Daraus jetzt der Eröffnungstitel des Abends, den *Doldinger* schlicht genauso betitelt hat, wie er seine Musik stets verstand: „Handmade" – handgemacht! Man beachte besonders die wunderbaren

Soli von *Johnny Griffin* und *Volker Kriegel*, und der seinerzeit ganz innovative *Moog Synthesizer* wird von *Kristian Schultze* bedient.

Klaus Doldinger: Handmade

Gerade war von *Chick Corea* die Rede, der zur selben Zeit mit seiner Band *Return To Forever* das sich erweiternde Angebot der internationalen Musikküche wesentlich mitbestimmte. Der 1941 in Massachusetts geborene Pianist und Komponist hatte sich zu Beginn der 60er Jahre als Mitspieler zahlreicher Jazzgrößen – darunter *Stan Getz* und *Miles Davis* – einen Namen gemacht, bevor er mit *Circle* eine erste eigene, von Kritikern hoch gelobte und von einem vornehmlich intellektuellen Publikum bejubelte Band gründete. Dabei überzeugte er vor allem als kompositorischer Grenzgänger zwischen diversen Spielarten von Jazz und Rock, aber auch als hochsensibler Pianist, dessen Soloplatten durchweg durch ihre weiten Spannungsbögen überzeugen und der damit zweifellos auch einen *Keith Jarrett* angeregt hat. 1972 gründete *Chick Corea* mit dem Bassisten *Stanley Clarke*, dem Saxofonisten *Joe Farrell*, dem Brasilianer *Airto Moreira* am Schlagzeug und dessen Frau, der Sängerin *Flora Purim*, die Gruppe *Return To Forever*, benannt nach ihrer ersten Plattenveröffentlichung. Einigen Jazzpuristen war zwar die Öffnung für rockmusikalische Elemente suspekt, doch der weltweite Erfolg gab *Chick Corea* letztendlich recht – seine *Fusion Music* übersprang mühelos alle stilistischen Gräben. 1977 wurde ein Konzert von *Return To Forever* im New Yorker *Palladium Theatre* mitgeschnitten und im Folgejahr als Live-LP veröffentlicht. Die Band war inzwischen durch eine komplette Bläsersektion ergänzt worden, allerdings war der Gitarrist *Al Di Meola* gerade wieder ausgestiegen. Von dieser Platte hier die *Chick-Corea*-Komposition „The Musician", eingeleitet von Vokalisen der singenden Keyboarderin *Gayle Moran* und den einzelnen Musikern viel Raum bietend für ihr

improvisatorisches Können – hier sind *Return To Forever* – die Rückkehr zur Ewigkeit – live. *Chick Corea*, gerade 79 geworden, ist ja noch immer erfolgreich auf den Bühnen der Welt präsent … (traurige Anmerkung: im Februar 2021 ist *Chick Corea* kurz vor seinem 80. Geburtstag verstorben).

Return To Forever: The Musician

Nicht unerwähnt bleiben soll freilich *Chick Coreas* Mitgliedschaft bei *Scientology*, die seit Jahrzehnten für Kritik sorgt und ihm auch einige Konzertabsagen einbrachte.

Ich habe ja bereits angedeutet, dass diese LiveRillen-Ausgabe nur ein Einstieg in das Thema Jazzrock sein kann bei der Fülle des Livematerials, das in meinen Plattenregalen auf Berücksichtigung wartet. So müssen sich beispielsweise die Gitarristen *Larry Coryell, George Benson, Al Di Meola* und *Pat Metheney* ebenso wie der Pianist *Les McCann* oder die Schlagzeuger *Elvin Jones* und *Billy Cobham* noch etwas gedulden – eine spätere LiveRille wird diese Lücke aber bestimmt füllen!

Dafür habe ich hier noch einen Künstler, den man vielleicht beim Genre Jazzrock nicht unbedingt gleich auf dem Schirm hat: *Carlos Santana*. Seine von karibischer Rhythmik geprägte Musik hatte ja schon in *Woodstock* für Furore gesorgt und ist – kombiniert mit seinem geradezu singenden Gitarrensound – bis heute zweifellos sein Markenzeichen. Zu Beginn der 1970er Jahre unternahm er aber durchaus musikalische Expeditionen in benachbarte Territorien, so unter anderem mit dem äußerst kreativen Schlagzeuger *Buddy Miles*, der im Jazz begonnen hatte und der – nach *Wilson Pickett, The Electric Flag* und der *Band Of Gypsys* von *Jimi Hendrix* – gerade für *John McLaughlin* ein Album eingetrommelt hatte. 1971 dann folgte eine gemeinsame Tournee mit *Santana* und einem Programm, in dem beider Kompositionen im Mittelpunkt standen und das so eine durchaus jazzige Grundstimmung erhielt, was man auf der dazu erschienenen Konzert-LP gut nachempfinden kann.

Hier ist die *Santana*-Band 1971 – zu diesem Zeitpunkt unter anderem mit *Neil Schon* an der Gitarre, der später mit *Journey* die Stadien der Welt rocken wird, dazu *Ron Johnson* am Bass, der auch mit ex-*Allman-Brothers*-Gitarrist *Warren Haynes* und dessen *Gov't Mule* jammte, und *Robert Hogins*, der unter anderem beim *Grateful Dead*-Ableger *Kingfish* die Tasten drückte – und natürlich mit dem erwähnten *Buddy Miles* am Schlagzeug.

Bei dem Titel „Marbles", den ich aus diesem Konzert ausgewählt habe, bedient sich *Carlos Santana* zudem noch bei einem der bedeutendsten Jazzrock-Musiker überhaupt: Der Fusion-Gitarrist *John McLaughlin* (er wird in den LiveRillen No. 4 ab S. 97 ausführlich gewürdigt) ist nämlich der Komponist der musikalischen Murmeln. Und gleich nach „Marbles" gibt's noch das kurze „Lava" aus der Feder von *Buddy Miles*.

Santana: Marbles / Lava

Das Motto der nächsten LiveRillen-Ausgabe lautet „Fathers And Sons" – dann geht es um schwarze und weiße Bluesmusiker dreier Generationen in ihren wechselseitigen Beziehungen. Im Mittelpunkt steht natürlich das gleichnamige Album, das *Muddy Waters* unter anderem mit *Otis Spann, Michael Bloomfield* und *Paul Butterfield* im Jahr 1969 realisiert hat – und auch dabei saß *Buddy Miles* zumindest zeitweise am Schlagzeug – so schließen sich Kreise!

Zum Abschluss dieser Ausgabe nun doch noch jener Gitarrist, dessen Name heute schon mehrfach fiel: *John McLaughlin* mit seinem legendären *Mahavishnu-Orchestra*, das er 1971 gemeinsam mit dem Geiger *Jerry Goodman, Jan Hammer* an den Keyboards, *Rick Laird* am Bass und *Billy Cobham* am Schlagzeug gegründet hat. In dieser illustren Besetzung kongenialer Solisten entstand nur zwei Jahre später bei einem Konzert im *Central Park* die Live-LP „Between Nothingness &

Eternity" – angesiedelt also zwischen dem Nichts und der Ewigkeit, wobei aus heutiger Sicht zweifellos letzteres zutrifft – ein Album, das die Zeit überdauert hat!

Daraus jetzt die „Trilogy" aus „The Sunlit Path", „La Mere de la Mer" und „Tomorrow's Story Not The Same" – *John McLaughlin* und das *Mahavishnu Orchestra* – live!

Mahavishnu Orchestra: Trilogy

Quellen:

- ➢ Blood, Sweat & Tears: In Concert, Do.-LP, CBS, 1976
- ➢ Chicago Transit Authority: Live In Concert, LP, Bellaphon, 1978
- ➢ Klaus Doldinger & Passport: Doldinger Jubilee Concert, LP, WEA/Atlantic, 1974
- ➢ Gentle Giant: Playing The Fool, Do.-LP, Chrysalis, 1976
- ➢ If: On Tour In Germany – April 72, United Artists, 1972
- ➢ Lighthouse: Lighthouse Live! (Carnegie Hall), Do.-LP, Bellaphon, 1972
- ➢ Mahavishnu Orchestra (John McLaughlin): Beetween Nothingnesss & Eternity / Live, LP, CBS, 1973
- ➢ Man: Live At The Padget Rooms Penarth, LP, United Artists, 1972
- ➢ Man: All's Well That Ends Well, LP, MCA, 1977
- ➢ Carlos Santana & Buddy Miles: Live!, LP, CBS, 1972

No. 29:   Fathers & Sons – Blues-Generationen

August 2020

Bevor ich ins neue Thema einsteige, zunächst noch ein ergänzender Nachtrag zur letzten LiveRillen-Ausgabe – ihr erinnert euch: Jazzrock war angesagt. Und die Sendung vor einem Monat begann mit der Gruppe *Chicago*. Aber wie das so ist – manche Scheiben trudeln erst später ein, und so habe ich in der Zwischenzeit ein nagelneues Doppelalbum von Chicago erbeutet, das den famosen Auftritt der Band beim *Isle-Of-Wight-Festival* 1970 dokumentiert, als die Jazzrock-Combo in Septett-Besetzung am Freitag, dem 28. August, als Headliner vor einem begeisterten Publikum spielte, das in den Stunden zuvor bereits *James Taylor, Melanie Safka, Procol Harum* oder *Taste* zugejubelt hatte.

Chicago, die wenige Monate zuvor ihr zweites Studio-Album veröffentlicht hatten, waren für den krönenden Abschluss vorgesehen – ihre aktuellen Single-Hits „Make Me Smile" und „25 Or 6 To 4" hatten die Band längst auch in Europa populär gemacht.

Das *Rhino-Label*, ein Ableger der *Warner Music Group*, hat diesen Auftritt 2018 erstmals auf Vinyl herausgebracht – daraus jetzt eine Komposition des Keyboarders *Robert Lamm*, der inzwischen 75 Jahre alt und immer noch musikalisch aktiv ist – hier sind *Chicago* vor rund 50 Jahren auf der *Isle of Wight* mit dem Titel „Mother"!

Chicago: Mother

Nun aber zum heutigen Thema, das mit „Fathers And Sons" überschrieben ist – Väter und Söhne also. Hört sich erstmal ein bisschen nach russischem Realismus des 19. Jahrhunderts an, und auch wenn ich Iwan Turgenjews bekanntesten, 1861 erschienenen Roman durchaus empfehlen kann, hat er doch mit dem Projekt, das dieser Liverillen-Sendung das Motto gibt, herzlich wenig zu tun: „Fathers And Sons" ist vielmehr der Titel eines 1969 bei *Chess Records* erschienenen Doppel-Albums, das zweifellos zu den Meilensteinen der Bluesgeschichte gehört! Initiator war *McKinley Morganfield*, besser bekannt als *Muddy Waters*, und das Konzept bestand darin, jüngere, vor allem auch weiße Musiker, die sich dem Blues verschrieben hatten, gleichberechtigt und bereichernd in die eigene Performance einzubeziehen. Gerade die britische Bluesszene hatte dem ja mit *Alexis Korner* oder *John Mayall* bereits Vorschub geleistet.

Auf besagtem Album spielen mit dem 1913 geborenen *Muddy Waters* sechs weitere Musiker unterschiedlicher Generationen, die zu dieser Zeit dabei waren, sich einen bleibenden Platz in den Annalen des Blues zu sichern – oder diesen bereits innehatten. Im Einzelnen sind dies:

Der rund 10 Jahre jüngere afroamerikanische Blues- und Jazzpianist *Otis Spann*, der schon seit längerem mit *Muddy Waters* zusammengespielt hatte – beide waren übrigens Halbgeschwister.

Der 1943 in Chicago geborene weiße Bluesgitarrist *Michael Bloomfield*, der in den 1960ern bei der *Butterfield Blues Band* und *Electric Flag* gespielt und mit *Al Kooper* und *Stephen Stills* eine hörenswerte „Super Session" veröffentlicht hatte; er ist 1981 an einer Überdosis Heroin verstorben.

Der Bluesharp-Virtuose, Sänger und Bandleader *Paul Butterfield*, 1942 ebenfalls in Chicago geboren – er gilt bis heute als einer der einflussreichsten weißen Bluesharp-Spieler überhaupt.

Weiterhin *Donald „Duck" Dunn* am Bass, der bei *Booker T. & the M.G.'s* und später bei den *Blues Brothers* spielte und durch deren Kult-Filme vielen bekannt sein dürfte; er war als einziger der Band noch älter als *Muddy Waters* – um ein Jahr.

Dazu der 1935 geborene singende Schlagzeuger *Sam Lay* und an der zweiten Rhythmus-Maschine kein Geringerer als *Buddy Miles*, 1947 geboren und gerade von *Jimi Hendrix* für dessen neue Begleitband verpflichtet. Aufgrund von Zeitproblemen war *Buddy Miles* aber nur bei der Zugabe des Konzertteils wirklich aktiv.

Das in dieser illustren Besetzung aufgenommene Album „Fathers And Sons" enthält nämlich eine Studio-LP, auf der sich fast ausschließlich neuere Kompositionen von *Muddy Waters* himself finden, sowie eine Live-LP, die während eines Konzertes im *Super Cosmic Joy-Scout Jamhouse* in Chicago

aufgenommen wurde, dem musikalischen Wohnzimmer von *Muddy Waters* sozusagen. Und mit der Konzerteröffnung steigen wir nun ins eigentliche Thema der heutigen LiveRillen-Sendung ein – „Fathers And Sons", Väter und Söhne des Blues gemeinsam auf der Bühne versammelt von und rund um *Muddy Waters*, und los gings mit „Long Distance Call", einem *Muddy-Waters*-Song, den dieser bereits 1951 auf einer *Chess-Records*-Single veröffentlicht hatte.

Muddy Waters: Long Distance Call

Die Doppel-LP erschien – ich erwähnte es bereits – bei *Chess Records*, und das in Chicago ansässige Label verdient eine kurze Vorstellung: 1950 von den Brüdern *Phil* und *Leonhard Chess* – beide übrigens polnischer Abstammung – aus dem Vorläufer *Aristocrat Records* heraus gegründet, wurde bereits im ersten Jahrzehnt seines Bestehens zu einer wichtigen Heimat für die damalige Bluesszene in Chicago und darüber hinaus. Ab 1957 waren Aufnahmen im eigenen Studio möglich, das Mitte der 1960er Jahre übrigens auch von den *Rolling Stones* genutzt wurde. Große Namen wie *Willie Dixon, Howlin' Wolf* oder *Chuck Berry* sind – neben *Muddy Waters* natürlich – untrennbar mit dem *Chess*-Label verbunden. *Willie Dixons* legendärer „Hoochie Coochie Man" etwa erschien 1954 in der Interpretation von *Muddy Waters* als Single bei *Chess* – 1954, auch anderweitig ein guter Jahrgang, sage ich mal an dieser Stelle…

Chess Records bestand bis 1975, war allerdings 1968 weiterverkauft worden. Während *Leonhard Chess* bereits 1969 starb, war sein Bruder *Phil* noch viele Jahre als Produzent aktiv – er starb 2016 im Alter von 95 Jahren, nachdem er gemeinsam mit seinem toten Bruder 1995 in die *Blues Hall of Fame* aufgenommen worden war.

Nun wieder Musik aus dem Album „Fathers And Sons": zunächst „Baby, Please Don't Go", ein schon aus den 1930er Jahren bekanntes Traditional des Delta-Blues, hier mit dem prägenden Mundharmonikaspiel von *Paul Butterfield* im Wechsel mit den Gitarren von *Muddy Waters* und *Mike Bloomfield*, und anschließend „Honey Bee", das *Muddy Waters* selbst im Jahr 1951 geschrieben und – natürlich bei *Chess-Records* – veröffentlicht hatte.

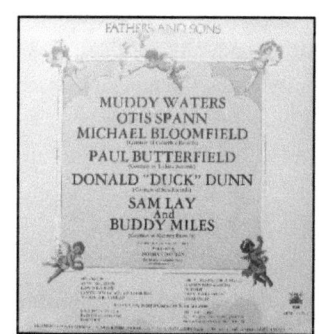

**Muddy Waters: Baby, Please Don't Go /
Honey Bee**

Zweifellos war *Muddy Waters* zu dieser Zeit ein wichtiger Nukleus der Szene, inzwischen fast 50jährig und weltweit von Künstlern, Kritikern und Publikum gleichermaßen anerkannt und wertgeschätzt.

Am 4. April 1913 (andere Quellen sprechen übrigens von 1915) als *McKinley Morganfield* im US-Bundesstaat Mississippi geboren, hatte ihm seine Großmutter, bei der er auswuchs, aufgrund seiner Vorliebe, in einem schlammigen Nebenfluss des großen Stroms zu spielen, schon zeitig den Spitznamen verpasst, der ihm zeitlebens treu blieb: *Muddy Waters*. Insofern findet man ihn in lexikalischen Übersichten auch nicht unter W, sondern unter M gelistet.

Seine Jugend war von harter Arbeit geprägt, als Baumwollpflücker, Lastwagenfahrer oder Arbeiter in einer Papierfabrik. Aber wie der Zufall so spielt: Zwei Folklore-Forscher entdeckten das Talent des Mittzwanzigers und nahmen 1940 zwei Titel mit ihm auf – der Beginn einer Weltkarriere. *Muddy Waters* kreierte mit seiner Band in Chicago den modernen, elektrifizierten Großstadt-Blues, der durch die prägenden Gitarrenriffs so vielen Gitarristen der Blues- und Rockszene als Anregung und Orientierung dienen sollte. Viele seiner – oft mit sexuellen Anspielungen durchsetzten – Songs wurden zu Bluesklassikern, unzählige Male gecovert, so auch „Got My Mojo Workin'", das wir in dieser LiveRillen-Sendung noch hören werden.

Auf *Chess Records* wurde er zum gutverdienenden Star; allerdings kam es 1975 zum Bruch, als er das Label wegen einbehaltener Tantiemen verklagte. Fortan veröffentlichte *Muddy Waters* bei *Blue Sky Records*, dem Label seines Adepten *Johnny Winter* – also auch in diesem Verhältnis stimmt die Formel „Fathers And Sons" – dazu später mehr.

1983 ist *Muddy Waters* an Herzversagen verstorben; die Aufnahme in die *Rock and Roll Hall of Fame* oder die Ehrung mit dem *Grammy* für sein Lebenswerk erfolgten postum in den 1990er Jahren. Und *Paul Rodgers*, einst Sänger bei *Free* und *Bad Company*, brachte 1993 ein „Tribute To Muddy Waters"-Album heraus, an dem unter anderem *Jeff Beck*, *David Gilmour*, *Gary Moore*, *Brian May* und *Carlos Santana* mitwirkten – eine gemeinsame Verbeugung großer Gitarristen vor einem ganz Großen ihres Metiers!

Zurück ins Jahr 1969 und zu „Fathers And Sons" – hier hören wir *Muddy Waters* mit seinen illustren Kollegen und „The Same Thing", einem Blues von *Willie Dixon*.

Muddy Waters: The Same Thing

„Fathers And Sons" – die Blues-Generationen mit einem Altersunterschied von rund 35 Jahren miteinander auf der Bühne. Diese großartige Doppel-LP sollte in keiner gepflegten Plattensammlung fehlen – das Original von *Chess Records* aus dem Jahr 1969 ist inzwischen allerdings selten und deshalb nicht ganz billig, aber die Scheibe ist mehrfach wieder aufgelegt worden; ich habe hier eine italienische Nachpressung aus dem Jahr 1981 mit dem identischen Cover, also dieser an *Michelangelo* erinnernden Zeichnung: Aus dem Himmel herab beugt sich ein älterer schwarzer Mann zu einem auf einer Wiese lagernden jüngeren Weißen, und ihre Finger sind kurz davor, sich zu berühren – da springt er über, der Spirit des Blues! Sehr gut nachempfinden kann man das beim das Konzert abschließenden „Got My Mojo Workin'", das zweifellos zu den meistgecoverten Songs der Bluesgeschichte gehört. Und im Zugaben-Part dieses Titels – ich sagte es zu Beginn bereits – steigt auch Drummer *Buddy Miles* in dieses Generationen-Gipfeltreffen mit ein.

Muddy Waters: Got My Mojo Workin'

Damit haben wir nun den kompletten Konzertteil von „Fathers And Sons" aus dem Jahr 1969 gehört, aber das Thema – die musikalisch höchst anregende Begegnung unterschiedlicher Bluesgenerationen – ist ja damit keineswegs erschöpft. Deshalb sollen die verbleibende Zeit sowie auch noch ein Teil der September-LiveRillen dieser wechselseitigen künstlerischen Inspiration gewidmet sein.

Bleiben wir zunächst bei *Muddy Waters* mit einem echten Konzert-Leckerbissen. Nur wenige Tage nach einer ausgedehnten Asien- und Australien-Tournee spielte *Muddy Waters* mit seiner Band im Mai 1973 an fünf Abenden im *Whiskey-a-Go-Go* in Los Angeles, danach dann in einem kleinen Nacht-Club in Denver namens *Ebbet's Field*. Und ausgerechnet dort gesellte sich *B.B. King*, als Gitarrist, Sänger und Songschreiber längst ebenfalls eine Blues-Legende, zu ihm auf der Bühne. 2015 hat das Label *Klondike* dankenswerterweise die dabei entstandenen Aufnahmen auf Vinyl gepresst und veröffentlicht.

Daraus jetzt „I Know You Didn't Want Me" – ein Song, den der 1925 geborene *B.B. King* bereits 1952 veröffentlicht hatte – hier interpretiert er ihn gemeinsam mit *Muddy Waters* und seiner Band, zu der unter anderem *Pinetop Perkins* am Piano gehörte, und auf all diese trifft der Text „I Know You Didn't Want Me" ganz sicher nicht zu!

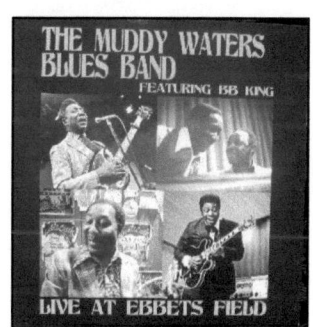

Muddy Waters: I Know You Didn't Want Me

B.B. King gilt ja neben seinen Namensvettern *Albert* und *Freddy* als einer der drei „Kings des elektrischen Blues". Der *Rolling Stone* schrieb über ihn, *jeder Blues- und Rockgitarrist, der ihn nicht als einen wichtigen Einfluss nenne, sei entweder ein Ignorant oder ein Lügner!* Das sagt wohl alles.

Seine Kindheit ist exemplarisch für die der Schwarzen in den Südstaaten: der Vater verdrückte sich, als er vier Jahre alt war, und als die Mutter starb, war er gerade mal neun. Der Schulweg betrug gute fünf Meilen, morgens und abends kam die Arbeit auf einer Farm hinzu, und mit 12 Jahren war ohnehin Schluss mit der Schule. Ursprünglich wollte er Gospelsänger werden, bekam dann eine Gitarre in die Hände, und plötzlich begann diese unter seinen Fingern zu singen. Genau dieser singende, melodiöse und zugleich kraftvolle Ton ist es, der sein Gitarrenspiel so herausragend macht, dass sich zahlreiche Musiker eben daran orientierten. Die Liste jener, mit denen er in den 1950er, 60er und 70er Jahren Studio oder Bühne teilte, ist schier endlos – hier eine kleine Auswahl: *Alexis Korner, Steve Winwood, Peter Green, Steve Marriott, Leon Russel, Taj Mahal, Joe Walsh*, die *Crusaders* und natürlich die *Rolling Stones* gehören dazu.

Ich habe für die heutige Sendung zwei Liveplatten ausgewählt – zunächst „B.B. King Live At The Regal Theatre" in Chicago, aufgenommen im November 1964. Daraus jetzt drei Titel am Stück, beginnend mit „Sweet Little Angel". In der lebendigen Interaktion mit dem Publikum beim nachfolgenden „It's My Own Fault" erreicht dieser Mitschnitt zweifellos seine Höhepunkte – und daran ist *B.B.*

King in seiner mitreißenden Art wohl durchaus schuldig, auch wenn der Titel anderes behauptet… Nahtlos geht es dann über in „How Blue Can You Get" – hier ist *B.B. King* live mit seiner Band im Herbst des Jahres 1964 – unglaubliche 56 Jahre her!

B.B. King: Sweet Little Angel / It's My Own Fault / How Blue Can You Get

Bis zu seinem Tod im 90. Lebensjahr war *B.B. King* in unzähligen Sessions und Konzerten zu erleben; bereits 1985 erschien mit „Six Silver Strings" sein 50. Studio-Album! Legendär auch seine Konzerte in US-amerikanischen Gefängnissen, beginnend 1970 im berüchtigten *Cook County Jail* in Chicago, das im Covertext als *„lebensgefährlicher Dschungel"* beschrieben wird. *King* spielte dort vor 2117 Insassen, die meisten schwarz wie er selbst. Es gab stehende Ovationen, und mehr als 60 weitere Knast-Auftritte folgten.

Das Konzert im *Cook County* Zuchthaus wurde 1971 von *MCA* auf Vinyl veröffentlicht, hier daraus der Bluesklassiker „Worry, Worry, Worry" – zur Band gehörten unter anderem die Brüder *Wilbert Freeman* am Bass und *Sonny Freeman* am Schlagzeug.

B.B. King: Worry, Worry, Worry

Zum früheren Dunstkreis von *B.B. King* gehörte auch der leider schon 1965 an Tuberkulose verstorbene Mundharmonikaspieler und Sänger *Sonny Boy Williamson*, geboren als *Willie „Rice" Miller* im US-Bundesstaat Mississippi, wobei die Angabe des Geburtsjahres zwischen 1897 und 1909 schwankt. Bekannt wurde er unter dem in den 1950er Jahren angenommenen Künstlernamen durch seine Aufnahmen für *Chess Records*, jenem Label aus Chicago, das ja auch *Muddy Waters* populär gemacht hat. Dabei spielte er oft gemeinsam mit *Elmore James, Howlin' Wolf, B.B. King* und anderen schwarzen Bluesmusikern jener Generation.

Zu Beginn der 1960er Jahre war er Mitglied des *American Folk Blues Festivals*, das mehrere erfolgreiche Europa-Tourneen absolvierte, die das deutsche Konzertbüro von *Horst Lippmann* und *Fritz Rau* organisiert hatte. Vielleicht erinnert sich noch mancher von euch an die AMIGA-Festival-Platten, die es – nachdem das Festival in Ostberlin gastieren durfte – damals auch in der DDR zu kaufen gab; sie gehörten dann neben der Bluesharp, dem Nato-Parka und den wildledernen Kletterschuhen zur Standardausrüstung jedes Blues-Freaks im wilden Osten. *Sonny Boy Williamson* hat auch so eine legendäre Fathers-And-Sons-Platte herausgebracht: 1963, genau am 8. Dezember, spielte er im Londoner *Crawdaddy Club* und wurde dabei begleitet von jungen weißen Briten, die sich erstmals unter dem Namen *The Yardbirds* vorstellen durften – darunter der blutjunge *Eric Clapton*, gerade mal 18 Jahre alt!

Das Konzert, das seinerzeit übrigens auch vom deutschen Veranstalter *Horst Lippmann* organisiert worden war, ist glücklicherweise aufgezeichnet und auf Vinyl veröffentlicht worden – eine frühe und generationsübergreifende Sternstunde des Blues als Brückenschlag zwischen den Kulturen. Daraus zwei Titel, die *Sonny Boy Williamson* geschrieben hat und die natürlich von seiner schneidenden Mundharmonika leben, deren heulender Ton einen wunderbaren Kontrast zur sensiblen Gitarre von *Eric Clapton* ergibt.

Hier sind aus diesem Konzertalbum die Titel „23 Hours Too Long" und „Out Of The Watercoast" – *Sonny Boy Williamson* und die *Yardbirds*.

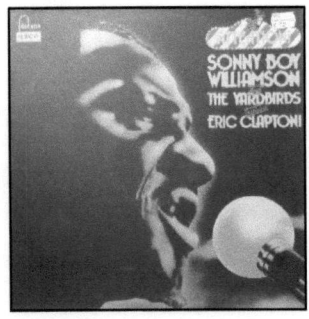

Sonny Boy Williamson: 23 Hours Too Long / Out Of The Watercoast

Ein älterer schwarzer Mann und seine weißen Blues-Söhne – *Sonny Boy Williamson* gemeinsam mit den *Yardbirds* im Jahr 1963! Weitere zwei Jahre zuvor, im Dezember 1961, entstand eine legendäre Aufnahme zweier Bluesveteranen, die als Duo ihr kongeniales Zusammenspiel perfektioniert hatten: *Sonny Terry* an der Mundharmonika, Jahrgang 1911 und schon als Kind nach mehreren Unfällen erblindet, und der Gitarrist und Sänger *Brownie McGhee*, geboren 1915 und aufgrund einer Kinderlähmung durch eine Beinverkürzung gehbehindert – beides also Angehörige jener afroamerikanischen Blues-Väter-Generation, die *Muddy Waters* mit „Fathers And Sons" gemeint hatte. Ihre Zusammenarbeit hatte in den frühen 1940er Jahren begonnen und dauerte mehrere Jahrzehnte an – *Sonny Terry* ist 1986 gestorben, *Brownie McGhee* zehn Jahre später.

Ihr 1961er Konzert im *Sugar Hill* in San Francisco bietet uns ein hautnahes, absolut authentisches Hörerlebnis, es atmet sozusagen die dichte Konzertatmosphäre und versetzt den Zuhörer mitten hinein in einen verschwitzten und verrauchten Bluesclub vor annähernd sechs Jahrzehnten.

Daraus jetzt drei Titel des Duos am Stück: „Born To Live The Blues" – eine alltagspoetische Liebeserklärung an diese Musik – danach „Just About Crazy" und „Up, Sometimes Down" – *Sonny Terry* und *Brownie McGhee*.

Sonny Terry & Brownie McGhee: Born To Live The Blues / Just About Crazy / Up, Sometimes Down

Auf der Suche nach den wichtigen Anregern der älteren Blues-Generation muss ein Name unbedingt genannt werden – der von *Robert Johnson* nämlich! Obwohl bereits 1938 mit nur 27 Jahren das Zeitliche segnend, gehört der 1911 Geborene, von dem nur gut drei Dutzend Aufnahmen erhalten geblieben sind, zu denen, die von zahlreichen späteren Blues- und Rockgitarristen bis hin zu *Eric Clapton* und *Keith Richards* immer wieder als stilprägend genannt werden.

Das hastige, kurze Leben des *Robert Johnson* hat eine vielfältige Legendenbildung angeregt, auf die ich hier nicht weiter eingehen will. Vielleicht nur so viel, dass seine Kindheit wie die vieler Schwarzer in den Südstaaten von Armut, Unsicherheit und Härte geprägt war, der er als jugendlicher Straßenmusiker *„on the road"* zu entkommen suchte.

Mitte der 1930er Jahre traf er dabei auf *Sonny Boy Williamson, Robert Nighthawk, Howlin' Wolf* oder *Memphis Slim,* die er durch sein Gitarrenspiel beeindruckte. Erste Aufnahmen entstanden, und sein eigentliches Werk ist fünf Sessions zu verdanken, die er 1936 und 1937 für die *ARC,* die *American Record Corporation,* einspielte. Und das sind aufgrund der seinerzeit begrenzten technischen Möglichkeiten ja tatsächlich *Liveaufnahmen,* wenn auch ohne Publikum, denn nachträgliche Korrekturen oder Overdubs im Sinne heutiger Studioarbeit waren noch nicht möglich. Also gestatte ich mir, zwei *Robert Johnson*-Titel von jenem postum veröffentlichten Album „King Of The Delta Blues Singers" in den LiveRillen einzusetzen.

Zunächst das in seinem Falle ganz sicher ironische Bekenntnis, ein solider, beständiger Mann zu sein: „I'm A Steady Rollin' Man", und danach der „32-20 Blues", der eine Handfeuerwaffe besingt, was ebenfalls für sich spricht – hier ist *Robert Johnson* quasi live aus den späten 1930er Jahren.

Robert Johnson: I'm A Steady Rollin' Man / 32-20 Blues

1938 im August starb *Robert Johnson;* er könnte damit schon als Begründer des Clubs der 27er gelten, dem später dann *Brian Jones, Jimi Hendrix, Janis Joplin, Jim Morrison, Curt Cobain* oder *Amy Winehouse* beitreten sollten. Die Umstände seines Todes sind nicht ganz geklärt – *Sonny Boy Williamson* soll behauptet haben, *Robert Johnson* sei von einem gehörnten Ehemann vergiftet worden; andere meinen, die Todesursache sei die Syphilis gewesen. Eine Grabstätte für *Robert Johnson* existiert nicht; dafür gibt es in Morgan City im Bundesstaat Mississippi einen Gedenkstein, auf dem zu lesen ist: *„Sein Blues sprach Generationen an, die er niemals kennen würde, und machte aus seinen Visionen und Ängsten Poesie."*

1980 wurde er postum in die *Blues Hall of Fame* aufgenommen, und laut dem immer mal wieder aktualisierten Ranking des *Rolling Stone* hat er einen festen Platz unter den hundert einflussreichsten Gitarristen aller Zeiten.

Zum Abschluss der heutigen LiveRillen noch einmal zurück zu *Muddy Waters*. Ich erwähnte ja schon, dass er nach dem Bruch mit *Chess Records* ab 1975 eng mit *Johnny Winter* und dessen Label *Blue Sky* zusammenarbeitete. Darüber werden wir in einem Monat, in der September-Sendung der LiveRillen, mehr hören – im Teil II der „Fathers And Sons", der dann unter anderem auch *James Cotton, John Lee Hooker, Canned Heat* und *Gary Moore* zu Gehör bringen wird.

Den heutigen Schlusspunkt aber setzt *Muddy Waters* als Gast bei Musikern der Söhne-Generation: *The Band*, noch heute von zahlreichen Fans verehrt, zelebrierten am 25. November 1976 im *Winterland* von San Francisco ihre Auflösung mit einem fünfstündigen Konzertereignis mit zahlreichen Gästen, darunter *Eric Clapton, Bob Dylan, Van Morrison, Ringo Starr* und *Ron Wood*, um nur einige zu nennen. Unter dem Titel „The Last Waltz" kann man dieses grandiose Ereignis auf einem Dreifach-Album sowie im gleichnamigen Konzertfilm von *Martin Scorsese* aus dem Jahr 1978 genießen.

Im nachtblauen Dreiteiler stand dabei auch *Muddy Waters* wie eine Ikone auf der barockhaft üppig inszenierten Bühne, und gemeinsam mit den Musikern von *The Band Robbie Robertson, Rick Danko, Levon Helm, Garth Hudson* und *Richard Manuel*, verstärkt noch durch *Paul Butterfield* an der Mundharmonika, *Pinetop Perkins* am

Piano und den weißen Bluesgitarristen *Bob Margolin*, der zwischen 1973 und 1980 festes Mitglied der *Muddy-Waters*-Begleitband war, zelebrierte der Blues-Vater sieben Minuten lang sein „Mannish Boy", einer der Blues-Klassiker schlechthin: *Muddy Waters, The Band* und Gäste 1976 – live!

Muddy Waters / The Band: Mannish Boy

Quellen:

- ➤ The Band: The Last Waltz, 3-LP-Set, Warner, 1978
- ➤ Chicago: Live at the Isle of Wight Festival 1970, Do.-LP, Rhino, 2018
- ➤ Robert Johnson: King Of The Delta Blues Singers (1936/37), Do.-LP, DOL, 2017
- ➤ B. B. King: Live At The Regal, LP, Ace Records, 1965
- ➤ B. B. King: Live In Cook County Jail, LP, MCA, 1971
- ➤ Sonny Terry And Brownie McGhee: At Sugar Hill, America Records, 1961
- ➤ Muddy Waters: Fathers And Sons, Do.-LP (2. LP live), Chess/Frog, 1981
- ➤ The Muddy Waters Blues Band Featuring B.B. King: Live At Ebbets Field, LP, Klondike Records, 2015
- ➤ Sonny Boy Williamson And The Yardbirds Featuring Eric Clapton, LP, Fontana

No. 30: Noch mehr Blues /
50 Jahre Isle Of Wight Festival
September 2020

Die heutige Ausgabe der LiveRillen hält jede Menge Abwechslung bereit.
Zunächst will ich an die letzte Sendung anknüpfen – im August ging es um die
sich gegenseitig inspirierenden Generationen schwarzer und weißer Bluesmusiker
rund um die zentrale Figur *Muddy Waters*, der 1969 das Zusammenwirken von
„Fathers and Sons" zum Konzept eines Doppelalbums gemacht hatte.
Danach gilt es, ein 50 Jahre zurückliegendes Konzertereignis zu würdigen, das in
der Wahrnehmung stets ein wenig im Schatten von *Woodstock* stand, obwohl es
sich keineswegs zu verstecken braucht.
Die Zahl 50 spielt auch eine Rolle beim Gedenken an zwei prägende Musiker, die
vor einem halben Jahrhundert verstorben sind, und schließlich gilt es, gleich vier
Künstlern zu ihren unmittelbar anstehenden oder gerade stattgefundenen 75.
Geburtstagen zu gratulieren. Die Sendung ist also prall gefüllt!
Los geht es mit Blues, und *McKinley Morganfield* bildet das Bindeglied zur letzten
Ausgabe. Der gemeinhin unter dem von seiner Großmutter vergebenen
Spitznamen *Muddy Waters* bekannte schwarze Gitarrist und Sänger hat sich in den
späten 1960ern und den 1970er Jahren mit zahlreichen schwarzen und weißen
Kollegen die Bühne geteilt, und etliche dieser musikalischen Sternstunden sind uns
durch Mitschnitte erhalten geblieben. Zu Beginn der 1970er Jahre hatte sich *Muddy
Waters* bekanntlich mit seiner langjährigen Plattenfirma *Chess Records* aufgrund
finanzieller und urheberrechtlicher Streitigkeiten überworfen – fortan wurde das
Label *Blue Sky Records* seine musikalische Heimat, das kein Geringerer als *Johnny
Winter* gegründet hatte. Der 1944 in Mississippi geborene Albino mit dem langen
schlohweißen Haar war zu dieser Zeit eine der auffälligsten Erscheinungen des
weißen Bluesrevival, und das keineswegs nur aufgrund seines markanten Äußeren:
Winter gehörte zweifellos zu den versiertesten Bluesgitarristen seiner Generation.
Schon als 18Jähriger war er in die Chicagoer Bluesszene eingetaucht, war dann
jahrelang durch den Süden der USA getingelt und 1968 schließlich durch einen
lukrativen Plattenvertrag bei *Columbia Records* belohnt worden. 1969 spielte er mit
seiner Band auf dem *Woodstock*-Festival, was aufgrund rechtlicher Streitigkeiten
leider weder im Film noch auf den offiziellen Livealben dokumentiert ist. 1970
hatte er sich dann die früheren *McCoys* (ihr „Hang On Sloopy" gehört ja zu den
unverwüstlichen Gassenhauern der *Roaring Sixties*) als Begleitband gesichert, was

insbesondere durch das energiegeladene Wechselspiel mit dem Gitarristen *Rick Derringer* für Furore sorgte.

Der Tourstress setzte dem 130-Pfund-Leichtgewicht allerdings gehörig zu, Drogen taten ein Übriges, sodass es *Johnny Winter* nach Suizidgedanken und einer Entziehungskur fortan etwas ruhiger angehen ließ. Durch die Labelgründung von *Blue Sky Records* erweiterte er sein Tätigkeitsfeld über das Konzertgeschäft hinaus und musste sich zukünftig auch nicht mehr mit anderen Plattenbossen und deren Vorgaben herumärgern. Da war es nur folgerichtig, dass die Zusammenarbeit mit seinen väterlichen Vorbildern, insbesondere mit *Muddy Waters*, in dieser Zeit enger wurde. Ein Beispiel dafür ist erst 2016 auf dem DOL-Label veröffentlicht worden:

Johnny Winter gemeinsam mit *Muddy Waters* und einer feinen Begleitband live im *Tower Theatre* in Philadelphia im Frühjahr 1977. Daraus jetzt „Deep Down In Florida", das auch auf der 1977 veröffentlichten Studioplatte „Hard Again" enthalten ist, die *Muddy Waters* für *Blue Sky* eingespielt hatte.

Muddy Waters: Deep Down In Florida

Aus der Begleitband, mit der beide hier auf der Bühne standen, sei ein soundprägender Musiker besonders herausgehoben: Der Bluesharp-Player *James Cotton*. Biografisch mit seinem Geburtsjahr 1935 zwischen *Muddy Waters* und *Johnny Winter* angesiedelt, gehörte *James Cotton* in den 1960er Jahren mit seiner eigenen Band zu den tonangebenden Acts der Chicagoer Bluesszene. Entdeckt hatte ihn *Sonny Boy Williamson*, den er ebenso begleitete wie später *Howlin' Wolf*, *B.B. King* oder eben *Muddy Waters* – sie alle setzten gern auf das intensive Mundharmonikaspiel des Afroamerikaners, das mitunter eine ganze Bläsersektion zu ersetzen schien.

Dass er auch als Sänger Akzente setzen konnte, zeigt die folgende Aufnahme aus dem Jahr 1987. Da spielte *James Cotton* gemeinsam mit den bekannten Gitarristen *Matt „Guitar" Murphy* und *Luther Tucker* sowie den Chicagoer Blues-Urgesteinen *Pinetop Perkins* am Piano, *Calvin Jones* am Bass und *William Smith* am Schlagzeug ein mitreißendes Konzert in der intimen Atmosphäre von *Antone's Night Club*, das zunächst nur auf dem clubeigenen Label veröffentlicht wurde, bevor es *Line Music* für den europäischen Markt erschlossen hat. Hier also – gepresst in schickes weißes Vinyl – *James Cotton* mit dem *Muddy-Waters*-Titel „Gone To Main Street". Anschließend dann noch einmal *James Cotton* gemeinsam mit *Muddy Waters* und

Johnny Winter zehn Jahre zuvor mit „Oh Baby", ebenfalls geschrieben von *McKinley Morganfield* alias *Muddy Waters.*

James Cotton: Gone To Main Street
Muddy Waters: Oh Baby

Auch hier war *Johnny Winter* an der Gitarre zu hören – er wurde übrigens als erster weißer Gitarrist überhaupt in die *Blues Hall of Fame* aufgenommen – eine Anerkennung für die gleichbleibend hohe Qualität all seiner musikalischen Aktivitäten bis zu seinem überraschenden Tod im Sommer 2014: Nur zwei Tage nach seinem letzten Konzert bei einem französischen Bluesfestival erlag er 70jährig in einem Schweizer Hotel einem Lungenemphysem. Uns bleiben seine wohldosierten Gitarrenläufe im Ohr, die sich weniger durch Rasanz als vielmehr durch melodische Geschmeidigkeit und Prägnanz auszeichnen.

Muddy Waters weilte zu diesem Zeitpunkt bereits über 30 Jahre nicht mehr unter den Lebenden; *James Cotton* wiederum hat *Johnny Winter* noch um drei Jahre überlebt – er ist 2017 verstorben, war aber bis zuletzt noch immer mit wechselnden Bandbesetzungen live zu erleben. In der *Blues Hall of Fame* sind natürlich alle drei dauerhaft vereint…

Nun zu *John Lee Hooker*, und wiederum ist *Muddy Waters* das Bindeglied, denn bei der Aufnahme, die wir gleich hören werden, ist auch er wieder mit von der Partie. 1966 im *Café Au Go-Go* im New Yorker Künstlerviertel *Greenwich Village* mitgeschnitten, bietet diese historische Platte rund um den 1917 in Mississippi geborenen *John Lee Hooker* bestes Delta-Blues-Feeling, für das unter anderem *Otis Spann* am Klavier sowie *Luther Johnson* und *Sammy Lawhorn* an den weiteren Gitarren sorgen. Ausgewählt habe ich „One Bourbon, One Scotch, One Beer", das keinesfalls als heiteres Trinklied missverstanden werden sollte – vielmehr zeichnet der Blues das trostlose Bild eines einsamen und von düsteren Gedanken durchzogenen Kneipenabends nach. Bereits zu Beginn der 1950er Jahre geschrieben, gehört der Song zweifellos zu den Klassikern des Genres. Und da ich auch diesmal hinweisen will auf die innergenerativen Bezüge der Blues-Protagonisten und ihre Vernachlässigung schwarz-weißen Schubladendenkens, folgt gleich danach die Interpretation desselben Songs durch *George Thorogood* und seine *Destroyers*, enthalten auf ihrer 1986 in Cincinnati aufgenommenen Live-LP – zwei Jahrzehnte liegen zwischen diesen ganz unterschiedlichen Aufnahmen, und mir persönlich gefallen beide.

John Lee Hooker / George Thorogood: One Bourbon, One Scotch, One Beer

John Lee Hooker und *George Thorogood* mit ihren jeweiligen Interpretationen eines Blues-Klassikers; es gibt aber auch Gemeinsames: *Thorogood* hatte auf *John Lee Hookers* 1989 veröffentlichten Studioplatte „The Healer" einen Gastauftritt. *George Thorogood* wurde 1950 im US-Bundesstaat Delaware geboren; zu seinen erklärten musikalischen Vorbildern zählt mit *Elmore James* einer der stilprägenden Slide-Gitarristen des Chicago-Blues. Mit seinen nunmehr 70 Jahren gehört *Thorogood* noch immer zu den bekanntesten Club-Acts der nordamerikanischen Bluesrock-Szene, obwohl ihm die ganz große internationale Karriere versagt blieb. Mit seiner langjährigen Begleitband, den *Destroyers*, hat er im Laufe der Jahrzehnte mehr als 30 Platten veröffentlicht – die bisher letzte kam 2017 heraus. Mögen weitere folgen!

Noch einmal zurück zu *John Lee Hooker*, der im Jahr 2001 friedlich im Schlaf verstorben ist. Rund 500 Songs werden ihm zugeschrieben, was ihm die Mitgliedschaften in der *Blues Hall of Fame* und der *Rock and Roll Hall of Fame* ebenso einbrachte wie einen *Grammy* für sein Lebenswerk. Auch er war – wie viele der schwarzen Blueser seiner Generation – stets gern bereit, die Bühne mit jüngeren weißen Musikern zu teilen. Aus so einer Zusammenarbeit resultiert das Live-Album „Hooker n' Heat", das ein Konzert von *Canned Heat* gemeinsam mit dem Bluesveteranen enthält. Ursprünglich war ja unter diesem Titel bereits 1970 ein Doppelalbum erschienen, das kurz vor dem Tod von *Canned-Heat*-Frontmann *Alan Wilson* im Studio aufgenommen worden war. Gut zehn Jahre später dann dieses erneute Zusammentreffen von *Hooker* mit den personell stark veränderten *Canned Heat* – nunmehr produzierte sich der schwergewichtige *Bob Hite*, genannt *The Bear*, am Mikrofon, und von der einstigen Besetzung war nur noch Schlagzeuger *Adolfo de la Parra* dabei, der tatsächlich noch heute bei *Canned Heat* trommelt.

Veröffentlicht von *Rhino Records* können wir diesen historischen Moment genießen, dem die Tatsache, dass auch *Bob Hite* nur wenige Tage nach diesem

Konzert an seinem enormen Drogenkonsum verschieden ist, noch eine besondere Note gibt. Hier also *John Lee Hooker*, begleitet von *Canned Heat* live im Frühjahr 1981 im *Fox Venice Theatre* von Los Angeles, mit seinen Blueskompositionen "Tease Me Baby" und „Nobody Else But You", und bei letzterem sind auch noch die *Chambers Brothers* als Background-Chor zu hören.

Hooker n' Heat: Tease Me Baby / Nobody Else But You

Bevor wir in dieser LiveRillen-Ausgabe die Bluesgefilde verlassen, bietet es sich an, dem 50. Todestag von *Alan Wilson* aus der ersten *Canned-Heat*-Besetzung noch eine musikalische Erinnerung zu gönnen: Hier ist von der 1969 entstandenen, allerdings erst nach *Wilsons* Tod 1971 veröffentlichten LP „Live At Topanga Corral" der Blues „Wish You Would" von *Billy Boy Arnold* – an der Bluesharp besagter *Alan Wilson*, genannt *Blind Owl*, der als stark depressiv galt und dessen Tod mit nur 27 Jahren durch eine Überdosis Barbiturate allgemein als Suizid gewertet wird. Lebendig bleibt er auf jeden Fall durch die Musik von *Canned Heat*, die er 1965 mitgegründet hatte.

Canned Heat: Wish You Would

Der runde Todestag von *Alan Wilson* zieht noch einen zweiten Namen nach sich, der dieser Tage auch wieder häufiger zu hören ist – natürlich: *Jimi Hendrix*. Sein Todestag jährt sich am 18. September zum 50. Mal, und die Umstände seines Todes in einem Londoner Hotel sind ziemlich mysteriös: Er war nach reichlich Alkohol und Schlaftabletten an seinem Erbrochenen erstickt, und zwar im Appartement der ehemaligen Eiskunstläuferin *Monika Dannemann*, die angeblich zu spät den Notarzt gerufen habe – eine Behauptung, für die wiederum eine ehemalige *Hendrix*-Geliebte gesorgt hatte. Bewiesen ist bis zum heutigen Tag allerdings nichts. *Hendrix* war zu diesem Zeitpunkt zum absoluten Superstar aufgestiegen, wofür insbesondere seine ekstatischen Festival- und Konzertauftritte gesorgt hatten. Sein Auftritt beim *Love&Peace-Festival* auf der bundesdeutschen Ostseeinsel Fehmarn am 6. September 1970 wurde zugleich sein letzter, was seinerzeit niemand ahnen konnte. Kleine Randnotiz: Am Vortag hatten auch *Canned Heat* auf Fehmarn gespielt, obwohl *Alan Wilson* nur zwei Tage zuvor das Zeitliche gesegnet hatte – *The Show Must Go On!*

Vom Fehmarn-Festival gibt es leider keine Liveaufnahmen, wohl aber vom 3. *Isle-Of-Wight-Festival*, das Ende August 1970 mehr als sechshunderttausend junge Leute auf die Insel im Ärmelkanal gelockt hatte. Und da war *Hendrix* auch einer der Headliner, obwohl sein Auftritt nach Augen- und Ohrenzeugen *„relativ uninspiriert"* gewesen sein soll – nun gut. Ein fundierter Konzertbericht findet sich übrigens in der aktuellen Ausgabe der Musikzeitschrift *GoodTimes*.

Hier ist *Jimi Hendrix* live beim *Isle-Of-Wight-Festival* 1970 mit "Power To Love".

Jimi Hendrix: Power To Love

Das Festival auf der Kanalinsel gilt als letztes der großen Open-Air-Ereignisse; im Gegensatz zu *Woodstock* spielte das Wetter mit, es waren ausreichend Sanitäranlagen geordert, und nennenswerte Verkehrsstaus blieben ebenfalls aus. Dass die Fans die Absperrzäune niederwalzten und auch dieses Großereignis damit zu einem für die Veranstalter desaströsen *Free Concert* umwandelten, zeigt der erst 1997 veröffentlichte Konzertfilm wohl etwas vordergründig – insgesamt soll eine eher friedliche und fröhliche Atmosphäre geherrscht haben, was nicht zuletzt dem herausragenden Musikangebot geschuldet war: Unter anderem traten *The Who, The Doors, Free, Moody Blues* und *Chicago* auf, daneben waren mit *John B. Sebastian, David Bromberg, Melanie Safka, Joan Baez, Leonard Cohen, Joni Mitchell, Richie Havens* oder *Kris Kristoffersen* zahlreiche Singer/Songwriter mit ihren eher besinnlichen Botschaften auf den Festivalbühnen vertreten. In Erinnerung an dieses zweifellos herausragende Festival, das doch in der öffentlichen Wahrnehmung stets im Schatten von *Woodstock* steht, nun von dem auch erst spät erschienenen Doppelalbum als interessanter Gegensatz zunächst *Leonard Cohen* und danach die noch relativ frische Band *Cactus*. Letztere hatte sich 1969 aus den Resten von *Vanilla Fudge* in New York gegründet – zur Rhythmussektion mit *Tim Bogart* am Bass und *Carmine Appice* am Schlagzeug (die später übrigens gemeinsam mit *Jeff Beck* auch ein herausragendes Livealbum veröffentlicht haben) gesellten sich der Gitarrist *Jim McCarty* und Sänger und Mundharmonikaspieler *Rusty Day*, die zuvor bei *Mitch Ryder* zugange waren. Ihr schwerer Bluesrock wurde von der Fachjournaille zwar als *„viertklassige Led-Zeppelin-Kopie"* abqualifiziert oder als

„*amerikanische Black Sabbath ohne Kruzifix*", aber live ist das durchaus anhörbar, wie ihr langsamer Blues „No Need To Worry" beweist. 1972 lösten sich *Cactus* bereits wieder auf, und es kam zur erwähnten Zusammenarbeit von *Appice* und *Bogart* mit dem Gitarristen *Jeff Beck*, der in den 1960ern *Eric Clapton* bei den *Yardbirds* ersetzt hatte.

Vor *Cactus* noch *Leonard Cohen*, 1934 in Kanada als Spross einer gut betuchten Kaufmannsfamilie geboren. Seine erste Karriere hatte der Literatur gegolten – in den 1960er Jahre hatte der studierte Historiker durchaus erfolgreich Gedichtbände und Romane veröffentlicht, daneben aber auch schon in Folkbands Gitarre gespielt und gesungen. *Judy Collins* ebnete ihm 1966 den Weg auf die Konzertbühnen, indem sie seinen bis heute unverwüstlichen Song „Suzanne" aufnahm und erstveröffentlichte. Beim *Isle-Of-Wight-Festival* spielte *Cohen* sein „Tonight Will Be Fine", was offensichtlich durchaus auf diesen Konzertabend zutraf…

Leonard Cohen: Tonight Will Be Fine
Cactus: No Need To Worry

Nun len zu den Geburtstagskindern des Monats September – es sind gleich vier an der Zahl, die dieser Tage ihren 75. Geburtstag begehen können. Der erste hat es bereits hinter sich: Am 31. August hat *Van The Man* – bürgerlich *George Ivan Morrison* – sein Dreivierteljahrhundert vollendet. Kurz nach Kriegsende im nordirischen Belfast als Sohn eines Hafenarbeiters geboren, begann er schon in jungen Jahren Texte zu schreiben, deren sinnliche Poesie bis heute am besten in seiner eigenen Interpretation wirkt. Sein kehliger, immer etwas drängender Sprechgesang wurde schon bei der Gruppe *Them*, die zuvor mal *Chris Andrews* begleitet hatte und in die *Morrison* 1964 einstieg, zum unverwechselbaren Markenzeichen. 1967 verließ er *Them*, nachdem er dort mit dem endlosen Drei-Harmonien-Titel „Gloria", dem *Bob-Dylan*-Cover „It's All Over Now Baby Blue" oder dem frechen „Here Comes The Night" bereits veritable Erfolge gefeiert hatte. Fortan mit eigener Band unterwegs, war und ist *Van Morrison* bis heute Garant für qualitätvolle Musik im Grenzbereich von Blues, Jazz, Rock und Soul, ohne sich um Mainstream und Hitparaden zu scheren. Was ihm Publicity bedeutet, belegt die Tatsache, dass er 1993 bei seiner Aufnahme in die *Rock and Roll Hall of Fame* einfach nicht erschien – es war das erste Mal, dass ein noch lebender Künstler mit einem derartigen Affront für einen Eklat sorgte. Interviews gibt der oft als grantig beschriebene

Exzentriker selten; Vorwürfe, er sei esoterisch, *Scientology*-Anhänger oder der gälischen Mystik verfallen, lässt er unkommentiert verhallen. Andererseits trägt er aufgrund der literarischen Qualität seiner Texte die Ehrendoktorwürde, war eingeladen zum Abschlusskonzert „The Last Waltz" von *The Band* und darf sich bei Plattenveröffentlichungen und Konzerten stets auf das Wohlwollen seiner großen Fangemeinde,

das gespannte Interesse der Fachpresse und die Aufmerksamkeit zahlreicher Kollegen verlassen. Und da wir vorhin *John Lee Hooker* hörten, sei erwähnt, dass ein gemeinsames Konzert beider vom Dezember 1993 als Doppelalbum „A Night In San Francisco" erschienen ist, das in meiner Sammlung leider noch fehlt – hoffentlich nicht mehr lange! Immerhin finden sich dort bereits *Morrisons* Liveplatten „It's Too Late To Stop Now" vom Sommer 1973 sowie "Live At The Grand Opera House Belfast", das zehn Jahre

später aufgenommen wurde. Daraus zunächst „Beautiful Vision", danach „Warm Love" vom älteren Album – intensive und vibrierend wie stets, wenn er auf der Bühne steht, und verbunden mit den besten Wünschen zum 75. Geburtstag von *Van Morrison!*

Van Morrison: Beautiful Vision / Warm Love

Der nächste Jubilar ist *Al Stewart*, der am 4. September 1945 im schottischen Glasgow geboren wurde. In Schulzeiten brachte ihm *Robert Fripp*, der spätere *King-Crimson*-Gitarrist, das Gitarrenspiel bei, und als Jugendlicher tingelte er mit Folksongs durch die Londoner Clubszene, machte die Bekanntschaft von *Paul Simon* und begann früh, eigene Songs zu schreiben und zu singen. Unterstützt von einer sauber musizierenden akustischen Folkrock-Band hatte *Al Stewart* seine größten Erfolge in den 1970er Jahren – die Platten „Year Of The Cat" und „Time Passages" kletterten 1976 bzw. 1978 in die Top Ten der britischen Album-Charts. In den 1980ern wurde es wieder stiller um den zurückhaltenden Musiker, dem das Talent zum Star wohl einfach nicht gegeben war, und vielleicht macht gerade das ihn so sympathisch. Als Singer/Songwriter aktiv ist er jedenfalls bis heute, zumeist im Duo mit seinem US-amerikanischen Kollegen *Dave Nachmanoff.*

1981 erschien mit „Indian Summer" ein quasi hybrides Doppel-Album – eine Plattenseite enthält neue, im Studio aufgenommene Songs, die restlichen drei Seiten sind mit Liveaufnahmen eines Konzertes gefüllt, das *Al Stewart* mit seiner Band Ende April 1981 im *Roxy* von Los Angeles gespielt hatte. Daraus jetzt das wunderbare „Time Passages" über den Lauf der Zeit…

Al Stewart: Time Passages

Das dritte Viertel der heutigen Geburtstagstorte mit der großen 75 darauf erhält nun *Leo Kottke*. Der Multi-Instrumentalist, am 11. September 1945 im US-Bundesstaat Georgia geboren, verfiel zunächst dem Posaunenspiel und beherrscht zudem auch die Flöte und die Violine – seinen eigentlichen Ruhm verdankt er allerdings der Gitarre in ihrer 6-saitigen und vor allem der 12-saitigen Ausführung. Stilistisch breit aufgestellt reicht sein Repertoire vom Folkblues über Bluegrass und Fingerstyle bis zum Flamenco, wobei die Kritiker dem Autodidakten frühzeitig eine höchst individuelle Spielweise bescheinigt haben. Gesanglich bleibt *Kottke* eher Durchschnitt, was ihm selbst durchaus bewusst ist, vertraut er doch bei seinen Plattenproduktionen zumeist dem Instrument – „One Guitar – No Vocals" lautet etwa ein LP-Titel, der für sich spricht.

Die Gitarre habe – nach der Posaune – seine Kindheit eingeleitet, von der er hoffe, sie sei bis heute nicht abgeschlossen, sagte *Leo Kottke* einmal über sich selbst. Seit Jahren arbeitet er sowohl im Studio als auch live regelmäßig mit dem Bassisten *Mike Gordon*

zusammen; unter dem Titel „Noon" ist im Netz gerade eine neue Studioproduktion der beiden angekündigt. Alles Gute also dem nach wie vor aktiven 75er *Leo Kottke*, und wir hören von seiner 1980 bei *Chrysalis* veröffentlichten Platte „Live in Europe" die Stücke „The Train And The Gate" und „Tell Mary", einer seiner seltenen Gesangstitel.

Leo Kottke: The Train And The Gate / Tell Mary

Zur Abrundung der heutigen LiveRillen-Ausgabe soll noch ein weiteres Geburtstagskind gewürdigt werden, zumal die musikalische Nähe zu *Leo Kottke* frappierend ist: Der Gitarrenvirtuose *José Feliciano* – er ist genau einen Tag älter als *Kottke.*

Der blind geborene Farmersohn aus Puerto Rico kam schon als Kind über das Akkordeon zur Gitarre und wurde als Zwanzigjähriger bei einem Festival in Argentinien entdeckt. Erste Plattenaufnahmen folgten ab 1966, von denen insbesondere seine Coverversionen bekannter Titel wie „Hey Jude" von den *Beatles,* „Light My Fire" von den *Doors* oder „California Dreamin'" der *Mamas & Papas* populär wurden. Er arbeitete mit *Leon Russel, Bill Withers, Joni Mitchell* und *Kenny Loggins* zusammen und hatte bis Mitte der 1980er Jahre weltweit bereits über 100 Millionen Platten verkauft. Seit 1987 ziert sein Stern den *Hollywood Walk Of Fame.*

Inzwischen ist es recht ruhig um *Feliciano* geworden, der seit Jahren mit seiner Familie in einem niederösterreichischen Dorf wohnt. Ein Caféhaus in Wien, so heißt es, schenke seine eigene Kaffeemarke *Café Don Feliciano* aus, und sicher tönt dort seine kaffeehaustaugliche Musik dezent aus den Lautsprechern.

Damit endet auch die heutige Sendung – wir träumen uns mit *José Feliciano* noch ein wenig hinüber nach Kalifornien: Hier ist die virtuose Verbeugung eines Meisters der sechs Saiten vor dem kalifornischen Traum und jenen, die ihn Mitte der 1960er Jahre als Steilvorlage für *Feliciano* musikalisch verarbeitet haben, den *Mamas & Papas…*

José Feliciano: California Dreamin'

Quellen:

- Canned Heat: Live At Topanga Corral, LP, 2001/metronome, 1973
- James Cotton: Live, LP, Antone's Records/LINE, 1988
- José Feliciano: Alive Alive-O, Do.-LP, RCA Victor, 1969
- The First Great Rock Festivals Of The Seventies: Isle Of Wight / Atlanta Pop Festival, 3-LP-Set, Columbia/CBS, 1972
- Jimi Hendrix: Isle Of Wight, LP, Polydor, 1971
- John Lee Hooker: Live At Café Au-Go-Go, LP, BGO Records, 1967
- Hooker n' Heat (John Lee Hooker & Canned Heat): Live At The Fox Venice Theatre 1971, LP, Rhino Records, 1981
- Leo Kottke: Live In Europe, LP, Chrysalis, 1980
- Van Morrison: It's Too Late To Stop Now, Do.-LP, Warner, 1973
- Van Morrison: Live At The Grand Opera House Belfast, LP, Polygram, 1984
- Muddy Waters, Johnny Winter, James Cotton: Live At Tower Theatre In Philadelphia 1977, LP, DOL, 2016
- Al Stewart: Live, Do.-LP, RCA, 1981
- George Thorogood & The Destroyers: Live, LP, EMI, 1986

No. 31: Vier Geburtstage und ein Todesfall
Oktober 2020

Hallo, liebe Freunde (Klammer auf: M-W-D – Klammer zu) der analog knisternden Klänge des zumeist schwarzen Vinyls – diese Ausgabe der LiveRillen steht unter einem Motto, das ich frei nach einem meiner Lieblingsfilme formuliert habe: „Vier Geburtstage und ein Todesfall". Da gilt es also wiederum, einige Jubilare dieses Monats zu würdigen, sehr Bekannte ebenso wie fast Vergessene, und auch jener zu gedenken, die schon eine Weile mit ihrer Harfe im Musiker-Himmel auf ihrer Wolke frohlocken.

Beginnen wir mit den Gratulationen: Genau zur Erstausstrahlung dieser Sendung (am 2. Oktober 2020) hat ein US-amerikanischer Singer/Songwriter Geburtstag, der es geschafft hat, mit einem einzigen echten Hit unsterblich zu werden: *Don McLean* wird 75 Jahre alt! Geboren wurde er 1945 in der Nähe von New York als Sohn eines Handelsvertreters. Er brachte sich früh das Gitarrenspiel bei, interessierte sich für Folk und Jazz und bezeichnete den texanischen Rock'n'Roller *Buddy Holly*, der schon 1959 bei einem Flugzeugabsturz ums Leben gekommen ist, als sein prägendes Idol.

Mitte der 1960er Jahre tingelte *Don McLean* mit Folksongs, nachgespielten Titeln und ersten eigenen Kreationen durch die Clubs in musikalischer Nähe zu *Bob Dylan* oder *James Taylor*. 1969 wurde *Pete Seeger* auf ihn aufmerksam, doch trotz dessen Empfehlung dauerte es noch Monate, bis mit „Tapestry" *Don McLeans* erster Longplayer erschien. Das war 1970, und noch im selben Jahr knallte er dann den Song raus, den wohl jeder, der sich für die populäre Musik der letzten 50 Jahre interessiert, im Ohr hat: „American Pie"! Ein achteinhalbminütiger Parforce-Ritt durch die jüngere US-Geschichte, der – so schreibt es *Siegfried Schmidt-Joos* in seinem Rocklexikon – *„die Erinnerung an die sechziger Jahre in Wochenschaumanier durch eine felliniartig verzerrte Optik spülte".*

Damit steigen wir nun auch musikalisch in die heutigen LiveRillen ein – hier ist *Don McLean*, das nunmehr 75jährige Geburtstagskind, vom 1976 erschienen Doppelalbum „Solo-Live", passenderweise mit einer amerikanischen Geburtstagstorte – das Innencover ziert übrigens ein surreal anmutendes Gemälde aus dem Pinsel von *Don McLean* höchstselbst.

Don McLean: American Pie

Geschrieben hat *Don McLean* diesen Mammut-Song, wie er selbst zu Protokoll gab, in einer knappen Stunde. Allein die Single verkaufte sich über fünf Millionen Mal, die Tantiemen machten *McLean* zum Multimillionär, der künftig ohne jeglichen Erfolgszwang genau und nur das machen konnte, was er wirklich wollte. Er tourte um die Welt, solange er vom amerikanischen Kuchen zehren konnte, veröffentlichte immer mal wieder neue Songs, hatte mit der Huldigung an den holländischen Maler *Vincent van Gogh* tatsächlich noch mal einen kleinen Hit, nahm Klassiker von *Roy Orbison* neu auf und tingelte auch in Country-Gefilden mit einigem Erfolg.

2004 wurde er in die *Songwriters Hall of Fame* aufgenommen, und bis in die

Gegenwart hinein taucht er immer mal wieder auf größeren und kleineren Bühnen zu Livekonzerten auf, wobei er an „American Pie" natürlich nicht vorbeikommt. Und auch nicht an „Vincent", den wir jetzt hören – aufgenommen bei einem Radio-Konzert 1971 in New York – hier ist noch einmal *Don McLean*.

Don McLean: Vincent

Neben zahlreichen Eigenkompositionen hat sich *Don McLean* auch immer mal bei seinen Vorbildern und Weggefährten bedient – der Name *Bob Dylan* muss da zwangsläufig fallen, und ich habe auf dem 76er Solo-Live-Album von *McLean* eine Fassung des Antikriegs-Klassikers „Masters of War" gefunden. Hier zunächst die Version von *Don McLean*, der den Song übrigens auf dem Banjo spielt, und gleich anschließend das Original dazu: *Bob Dylan* in einer frühen Aufnahme aus dem Jahr 1963, deren Veröffentlichung die Plattenfirma *Columbia* als „a small miracle", als

kleines Wunder also bezeichnet: 2009 erst wurde ein Tonbandmitschnitt dieses Dylan-Konzerts an der *Brandeis University* entdeckt und ein Jahr später als Platte veröffentlicht. Darauf auch eine wunderbare Langfassung von „Masters Of War" – zuvor aber die Version von *Don McLean*.

Don McLean / Bob Dylan: Masters of War

Die Geburtstagskinder des Monats – *Bob Dylan* gehört zwar nicht dazu, ist aber eine gute Überleitung zum nächsten Jubilar, der am 23. Oktober seinen 80. Geburtstag feiern wird: *Manfred Mann*.

1940 im südafrikanischen Johannesburg geboren, kam er mit gerade mal 20 Jahren nach London und setzte als Jazzpianist erste Signale. In seinem Quartett spielte damals der bereits bekannte Jazz-Drummer *Mike Hugg*, der ihm auch als Produzent treu bleiben sollte.

Die Erkennungsmelodie der legendären TV-Sendung *Ready, Steady, Go!* – jenes 5 – 4 – 3 – 2 – 1, brachte *Manfred Mann* ersten Erfolg, aber da mit Jazz eben doch nicht so viel zu verdienen war, verdingte sich *Manfred Mann* einige Jahre lang im eher seichten Pop-Segment, wobei die Hits geradezu vom Fließband zu kommen schienen: „Doh Wah Diddy Diddy", „Pretty Flamingo", „Sha La La", später dann „Fox On The Run", „Ha Ha Said The Clown" oder „My Name Is Jack", und natürlich die *Bob-Dylan*-Cover „Just Like A Woman" oder „Mighty Quinn" – was würden die Oldie-Radios heutzutage machen ohne diese Setlist mit Ohrwurm-Garantie?!

Dem Keyboarder *Manfred Mann*, der nie als Frontmann im Rampenlicht stand, wohl aber stets gute Musiker um sich scharte, war das auf Dauer zu wenig – 1970 gründete er mit *Chapter Three* wieder eine reine Jazzrock-Band, teilweise 13 Musiker umfassend.

Weil aber auch hier der Erfolg ausblieb, schlug *Manfred Mann* 1971 das bis heute existierende vierte Kapitel seiner Musikerkarriere auf und hob die *Manfred Mann's Earth Band* aus der Taufe. Damit ist *Manfred Mann* das Kunststück gelungen, trotz mehrerer Personal- und Stilwechsel über fast fünf Jahrzehnte hinweg erfolgreich Platten zu veröffentlichen und Konzerttourneen zu absolvieren – und hätte nicht Corona das Livegeschäft in Quarantäne geschickt, könnten wir ihn wohl auch derzeit wieder in deutschen Landen erleben. Nun, das wird hoffentlich wieder möglich sein.

Nach wie vor gehören *Bob-Dylan*-Cover zum festen Repertoire der *Earth Band*, wie überhaupt die meisten ihrer Titel Coversongs sind: *Manfred Mann* hält sich nach eigenen Worten selbst nicht für einen besonders guten Komponisten – lieber mache er Songs, die ihn emotional

ansprächen, interpretatorisch zu seinen eigenen, sagt er. So auch in diesem Falle *Bob Dylans* „The Times They Are A-Changin'", das wir nach der Version der *Earth Band* gleich noch vom Meister selbst serviert bekommen, und zwar vom Doppelalbum „Bob Dylan – Live At Budokan" aus dem Jahr 1978.

Manfred Mann / Bob Dylan: The Times They Are A-Changin'

Ein zweifellos interessanter Vergleich, diese beiden Versionen von den sich ändernden Zeiten, die *Bob Dylan* in den für ihn typischen poetischen Verklausulierungen da beschwört und denen die *Earth Band* eine gehörige Portion Nachdruck verleiht.

Diese besonders erfolgreiche Phase der *Manfred Mann's Earth Band* fällt zusammen mit der Mitwirkung des Sängers und Gitarristen *Chris Thompson*, der seit Mitte der 1970er Jahre und bis zu seinem Ausstieg 1999 den Sound der Band wesentlich prägte. Daneben hat *Thompson* unter anderem mit *Brian May, Mike Oldfield,* dem *Alan Parsons Project* und *Leslie Mandoki* gearbeitet. Die große Konstante bei *Manfred Mann* ist aber der Gitarrist *Mick Rogers*, der schon 1971 bei der Gründung der *Earth Band* dabei war und – inzwischen auch 74jährig – noch heute gemeinsam mit *Manfred Mann* auf der Bühne steht.

Hier nun ein weiterer Coversong/Original-Vergleich: Eigentlich hatte *Sting* den Song „Demolition Man" für die Soulsängerin *Grace Jones* geschrieben, die ihn 1981 herausbrachte; im selben Jahr fand sich der Titel auch auf der *Police*-LP „Ghost In The Machine". Und nur ein Jahr später erschien der Song dann auf einer Single-A-Seite der *Manfred Mann's Earth Band*.

Die hören wir jetzt von ihrer im April 1983 aufgenommenen LP „Live In

Budapest" – *Manfred Mann* gehörte damit zu den wenigen Rockern, die zu Zeiten des Kalten Kriegs schon mal hinter dem Eisernen Vorhang auftreten durften – und nicht wenige Fans aus der DDR waren seinerzeit in die ungarische Hauptstadt gepilgert.

Anschließend dann *Sting* höchstselbst mit seiner Version, so wie er seinen Song 1985 bei einem Konzert in Paris interpretiert – auf der Cover-

Rückseite des Livealbums „Bring On The Night"
schreibt *Sting* in den Liner Notes: *„I make no
apologies for the wah wah pedal in this version"* –
genießen wir also diesen Effekt der Zerstörung:
„Demolition Man"!

Manfred Mann / Sting: Demolition Man

Ein drittes Beispiel für die Cover-Qualitäten der
Earth Band soll die geburtstagsveranlasste Würdigung ihres sich nur selten ins
Rampenlicht drängenden Chefs abschließen, und diesmal trifft es den *Boss*
persönlich: *Bruce Springsteen* also. Mit dessen „Blinded By The Light" hatte die
Earth Band 1976 in den USA sogar Platz Eins der Charts erobert. Das
nachfolgende *Springsteen*-Cover „Spirits In The Night" war nicht ganz so
erfolgreich – ich habe es trotzdem ausgewählt für
die Gegenüberstellung: Diesmal zunächst die
Live-Version vom Boss, 1978 im *Roxy Theatre* in
Hollywood aufgenommen; danach dann die
Manfred Mann's Earth Band 1983 live in Budapest
mit den Geistern in der Nacht…

Manfred Mann / Bruce Springsteen: Spirits In The Night

Der 80. Geburtstag, den *Manfred Mann* in Kürze begehen kann, wäre am 9.
Oktober auch *John Lennon* vergönnt, hätte nicht ein sinnloser Mord den damals
40Jährigen mitten aus seinem schaffensreichen Leben gerissen.
Da will ich nun auch gar nicht umständlich Eulen nach Athen schleppen – über
John Lennon muss nicht viel gesagt werden; sein Einfluss auf das nur ein knappes
Jahrzehnt umfassende Schaffen der *Beatles* und damit auf die populäre Musik in
der zweiten Hälfte des 20. Jahrhunderts ist gar nicht zu überschätzen, und auch
mit seiner *Plastic Ono Band*, im Verbund mit seiner Künstler-Gattin *Yoko Ono* und
als Solist hat er Bleibendes hinterlassen.
Ich lege dazu jetzt die im August 1972 im *Madison Square Garden* aufgenommene
LP „John Lennon Live In New York City" auf. Und um den heute so *MeToo*-
Beflissenen, Gender-Eifrigen und Emanzipations-Bemühten zu zeigen, dass auch
unsere Generation es durchaus nicht an Sensibilität und Schärfe hat fehlen lassen
– aus diesem Konzert jetzt: „Woman Is The Nigger Of The World" – zudem ein

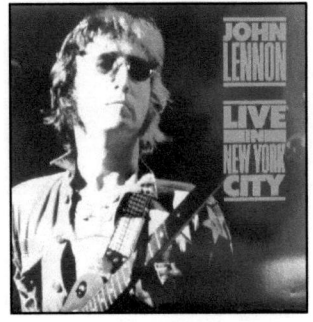

Beispiel, dass das viel geschmähte N-Wort im entsprechenden Kontext durchaus seine Berechtigung besitzt! *John Lennon* in Bestform mit seiner Band live, und das Ganze in Erinnerung an einen der wichtigsten Pop-Künstler des 20. Jahrhunderts, der nun 80 Jahre alt geworden wäre.

John Lennon: Woman Is The Nigger Of The World

John Lennon live im Jahr 1972; in Kürze – genau am 8. Dezember – jährt sich sein Todestag zum 40. Mal.

Ich erinnere mich noch gut daran, wie fassungslos mich die Nachricht, er sei vor seiner New Yorker Wohnung von einem psychopathischen Fan erschossen worden, damals gemacht hat. Umso wichtiger und schöner, dass wir uns noch heute an seiner Musik erfreuen und seine Haltung achten können!

Das nächste Geburtskind weilt glücklicherweise noch unter uns, und ich weiß, dass diese Gratulation insbesondere einige LiveRillen-Freunde in Rheinland-Pfalz (ja, die gibt es tatsächlich!) freuen wird: *Leslie West* wird am 22. Oktober 75 Jahre alt! Sein Name ist vor allem verbunden mit der Band *Mountain*, die vor über 50 Jahren das Erbe der gerade aufgelösten Supergroup *Cream* antrat; Gründungsvater von *Mountain* war der *Cream*-Produzent und versierte Bassgitarrist *Felix Pappalardi*. Der holte sich mit *Leslie West* einen ungestümen Rockgitarristen und Sänger an Bord, weiterhin den Keyboarder *Steve Knight*, und dazu stieß wenig später der Drummer *Corky Laing*, der noch heute die *Mountain*-Flagge hochhält.

Leslie West, gebürtiger New Yorker mit jüdischen Wurzeln (sein eigentlicher Name ist *Weinstein*), spielte nach dem zeitweisen Aus von *Mountain* dann sogar direkt mit dem ex-*Cream*-Bassisten *Jack Bruce* im Trio *West, Bruce & Laing* zusammen; zeitweise gab es auch eine *Leslie-West-Band* – der Sound dieser Projekte unterschied sich kaum, denn die sägende Gitarre und die raue Röhre von *Leslie West* waren stets die zentralen musikalischen Elemente.

Gut nachzuvollziehen bei dieser Live-Aufnahme von *Mountain* aus dem Jahr 1972: „Crossroader", geschrieben von *Felix Pappalardi*.

Mountain: Crossroader

Die Bedeutung des Mountain-Frontmanns *Leslie West* für die Rockmusik ist enorm – der *Rolling Stone* listet ihn auf Platz 66 der hundert einflussreichsten Gitarristen, und in der Szene ist sein Sound aus der Verbindung einer *Gibson Les Paul Junior*-Gitarre mit Verstärkern der Marke *Sunn Amplifiers* legendär. So ist es nicht verwunderlich, dass *Leslie West* vom Konzertveranstalter *Miles Copeland* eingeladen

wurde, an der *Night Of The Guitar* im November 1988 teilzunehmen, die durch sieben britische Städte tourte – das wurde ein umjubeltes Fest für zehntausende Besucher und zudem ein phantastisches Doppel-Album, auf dem neben dem *Mountain*-Gitarristen unter anderem *Alvin Lee, Randy California, Pete Haycock* oder *Robby Krieger* sowie die *Wishbone-Ash*-Twin-Gitarristen *Ted Turner und Andy Powell* an den sechs Saiten zu hören sind. Ausführlich war ja meine achte LiveRille im November 2018 der 40. Wiederkehr dieses Großereignisses gewidmet – nachzulesen im Band 1 dieser Publikationsreihe.

Aus diesem Album nun *Leslie West* mit der *Night-Of-The-Guitar-Band* und seinem Titel „Never In My Life", der 1972 als A-Seite einer *Mountain*-Single erschienen war. Getextet übrigens wie viele der frühen *Mountain*-Titel von der Songschreiberin *Gail Collins*, der Ehefrau von *Felix Pappalardi*. Dazu gehört die makabre Fußnote, dass *Gail Collins* ihren Ehemann im Jahr 1983 im Streit erschossen hat… Zurück zu *Leslie West*, und irgendwie passt der Songtitel ja auch dazu: „Never In My Life".

Leslie West: Never In My Life

In wenigen Tagen wird *Leslie West* nun 75 Jahre alt, und zumindest in den USA kommt er noch auf die Bühne, wenn Drummer *Corky Laing* die alten *Mountain*-Zeiten beschwört. Allerdings musste *Leslie West* vor neun Jahren aufgrund einer lebensgefährlichen Diabetes-Erkrankung ein Teil des rechten Beines amputiert werden; seitdem im Rollstuhl sitzend verzichtet er auf Konzertreisen nach Übersee. Zum Geburtstag wünscht man natürlich ohnehin vor allem Gesundheit – in diesem Falle also ganz besonders!

In der Würdigung seines Schaffens darf ein Song nicht fehlen, der alle Vorzüge von *Mountain* auf sich vereint: „Nantucked Sleighride" – hier in einer elfminütigen Live-Version, die 1973 in New Jersey mitgeschnitten und erst 2017 von *RoxVox* auf Vinyl veröffentlich wurde!

Leslie West/Mountain: Nantucked Sleighride

Auch hier eine traurige Anmerkung der 4. Auflage dieses Buches: Am 23. Dezember 2020 ist *Leslie West,* Gitarrist und Sänger von *Mountain*, die vielen Fans als Wegbereiter, wenn nicht gar Erfinder des Hard Rock gelten, in Florida an einem Herzstillstand verstorben.

Nach vier Oktober-Geburtstagskindern nun aber noch zum *Todesfall des Monats –* vor 50 Jahren, am 4. Oktober 1970, wurde die Sängerin *Janis Joplin* tot im Zimmer eines Motels bei Los Angeles aufgefunden – Diagnose: Eine Überdosis Heroin – 14 Einstiche habe ihr linker Unterarm laut Polizeibericht aufgewiesen.
Der Tod riss sie mit gerade mal 27 Jahren mitten aus der Produktion ihrer dann postum veröffentlichten Platte „Pearl"; eben noch hatte sie mit „Me And Bobby McGhee" aus der Feder von *Kris Kristofferson* einen ihrer wohl besten Songs eingesungen – der Vers *„Freedom is just another word for nothing left to loose"* wird ewig mit ihr verbunden bleiben.
Geboren wurde *Janis Joplin* 1943 als Spross einer texanischen Öl-Dynastie – nicht unbedingt das Sprungbrett zum Rockstar. Aber dem bürgerlichen Leben konnte und wollte schon der Teenager nichts abgewinnen, mit 18 sang sie in texanischen Kneipen und Universitätsclubs, trampte danach einige Jahre quer durch die USA, hielt sich mit Aushilfsjobs über Wasser und stieg 1966 in die populäre kalifornische Band *Big Brother And The Holding Company* um den Gitarristen und Songschreiber *James Gurley* und den Bassisten *Peter Albin* ein. Ihren Durchbruch erlebte die Band dank der expressiven Stimme ihrer wilden kleinen Frontfrau beim *Monterey Pop Festival* im August 1967.
Ich habe hier aber zunächst eine Liveaufnahme ausgewählt, die über ein Jahr zuvor entstanden ist – da war *Janis Joplin* noch ganz frisch dabei und trat schon als Autorin in Erscheinung: „Woman Is Losers" heißt ihr zweifellos von persönlichen Erfahrungen geprägter Song.

Danach dann „Piece Of My Heart" aus der Feder von *Bert Burns*, einem der erfolgreichsten Songschreiber jener Jahre, der unter anderem von den *Beatles,* den *Rolling Stones, Led Zeppelin, David Bowie,* den *McCoys* und *Otis Redding* gecovert wurde; „Twist and Shout", „Tell Him", „I Want Candy" oder „Hang On Sloopy" hat er geschrieben, was ihm Ruhm und Wohlstand einbrachte. Ein erfolgreiches Broadway-Musical unter dem Titel „Peace Of My Heart" thematisiert das Leben und Schaffen von *Bert Berns.*

Hier aber *Janis Joplin* mit ihrer Interpretation des gleichnamigen Songs – zuvor noch ihr „Woman Is Losers".

Janis Joplin: Woman Is Losers / Piece Of My Heart

Mit der Erinnerung an den 50. Todestag der unvergessenen *Janis Joplin* geht nun auch diese 31. LiveRillen-Sendung hier auf Radio Corax zu Ende. Die nächste Ausgabe wird komplett dem 75. Geburtstag von *Neil Young* gewidmet sein!

Zum Schluss dieser Sendung noch ein paar Takte von *Janis Joplin*, die 23 Jahre nach ihrem Tod verdientermaßen in die *Rock and Roll Hall of Fame* aufgenommen wurde und vielen bis heute als die größte weiße Blues- und Rockstimme überhaupt gilt. Nach ihrer Trennung von *Big Brother And The Holding Company* hatte sie 1968 die *Full Tilt Boogie Band* zusammengestellt, mit der sie auch in Europa auf Tour war. Am 4. Juli 1970 wurde ein Konzert im kanadischen Calgary aufgenommen – drei Monate also vor ihrem viel zu frühen Tod! Daraus jetzt noch einer ihrer großen und bleibenden Titel: „Move Over" – *Janis Joplin – Rest In Peace!*

Janis Joplin: Move Over

Quellen:

- Big Brother And The Holding Company: Cheaper Thrills, 1966, LP, FAN CLUB, 1983
- Bob Dylan: At Budokan, Do.-LP, CBS, 1978
- Bob Dylan: In Concert Brandeis University 1963, LP, Columbia, 2010
- Janis Joplin: Janis In Concert, Do.-LP, CBS, 1972
- John Lennon: Live In New York City 1972, LP, EMI, 1986
- Manfred Mann's Earth Band: Budapest Live, LP, Bronze Records, 1983
- Manfred Mann's Earth Band: Mann Alive, Do.-LP, Creature Music, 2016
- Don McLean: Solo, Do.-LP, United Artists, 1976
- Don McLean: Live In New York 1971
- Mountain: The Road Goes Ever On, LP, Windfall/USA, 1972
- Mountain: Live...New Jersey 1973, LP, ROXVOX, 2017
- Night Of The Guitar – Live!, Do.-LP, IRS Records, 1989
- Bruce Springsteen & The E Street Band: Live 1975-85, 5-LP-Set, CBS, 1986
- Sting: Bring On The Night, Do.-LP, A&M, 1986

No. 32: Neil Young – eine Legende wird 75

November 2020

Willkommen zur 32. Ausgabe der LiveRillen – wieder liegt ein Plattenstapel bereit für den analogen Hörgenuss im digitalen Zeitalter! Und im Gegensatz zu den letzten, eher bunt gemixten Sendungen steht heute eine einzige (und glücklicherweise noch höchst lebendige) musikalische Legende im Mittelpunkt – der kanadische Singer/Songwriter, Rockmusiker und „Godfather of Grunge", *Neil Young* – er feiert am 12. dieses Monats seinen 75. Geburtstag!

Und um es vorwegzunehmen – es war überhaupt kein Problem, die folgenden zwei Stunden mit Livemusik aus der Feder dieses äußerst produktiven Ausnahmekünstlers zu füllen; ich bin mir nicht sicher, ob er selbst den Überblick über seine zahlreichen Tonträgerveröffentlichungen aus inzwischen fünf Jahrzehnten besitzt!

Geboren wurde *Neil Young* 1945 in Toronto, und seine Kindheit stand unter keinem guten Stern – sechsjährig erkrankte er an Kinderlähmung, der er bis heute seinen etwas ungelenken Gang verdankt. Umso geschickter war und ist er mit Händen und Stimmbändern unterwegs, auch wenn er nicht unbedingt ein Kinderstar war – immerhin war er schon 23, als 1968 seine erste, selbst betitelte LP erschien. Da hatte er allerdings schon zwei Jahre bei der kalifornischen Folkrock-Band *Buffalo Springfield* hinter sich – gemeinsam mit *Stephen Stills*, der in dieser Zeit dort kompositorisch den Ton angab. Musikalisch überzeugte die Band absolut, so etwa bei einer umjubelten US-Tournee gemeinsam mit den *Byrds* und den *Beach Boys*. Menschlich allerdings ließ die Harmonie doch sehr zu wünschen übrig – es gab zunehmende Spannungen, sogar Prügeleien auf der Bühne, und beim Auftritt zum *Monterey Popfestival* 1967 fehlte *Neil Young* gar unentschuldigt; *David Crosby* sprang für ihn ein. Folgerichtig zerfielen *Buffalo Springfield* bereits Ende 1967 wieder – aus den Splittern entstanden beispielsweise *Poco* und – natürlich – *Crosby, Stills, Nash & Young*. Und schon der zweite reguläre Auftritt des Quartetts wurde zur Legende, denn er fand nicht irgendwo statt, sondern beim *Woodstock*-Festival im August 1969. Der Auftritt fand am letzten Festivaltag statt, kurz bevor *Jimi Hendrix* den Schlusspunkt setzte, der allerdings die vierfache Gage kassierte gegenüber dem gerade erst gegründeten Quartett.

Damit steigen wir nun auch musikalisch in die heutigen LiveRillen ein – aus dem Dreifach-Album zum wichtigsten Konzertereignis jener Jahre die *Neil-Young*-Komposition „Sea Of Madness" – das Meer des Irrsinns.

Crosby, Stills, Nash & Young: Sea Of Madness

Ich bleibe zunächst bei diesem großartigen Quartett aus vier sehr eigenwilligen Künstlerpersönlichkeiten mit ihren bei aller musikalischen Harmonie ganz unterschiedlichen Charakteren. *Stephen Stills* und *Neil Young* kannten sich ja bereits von *Buffalo Springfield*, jener Band, die der ebenfalls 1945 geborene *Stills* 1966 in Los Angeles gegründet hatte. Und schon da hatte es ja heftigen Streit gegeben, wer von beiden denn nun die erste Geige in der Band spielen sollte. Nach dem Aus für *Buffalo Springfield* hatte *Stephen Stills* zunächst gemeinsam mit dem Keyboarder *Al Kooper* von *Blood, Sweat & Tears* und dem *Electric-Flag*-Gitarristen *Mike Bloomfield* eine hörenswerte „Supersession" auf Vinyl veröffentlicht, bevor er sich mit *David Crosby*, der hin und wieder auch schon bei *Buffalo Springfield* ausgeholfen hatte, und dem ex-Sänger der britischen *Hollies*, *Graham Nash*, zu einem Folkrock-Trio verband, das dann auch *Neil Young* anlockte.

David Crosby wiederum, bereits 1941 in L.A. geboren, hatte schon Mitte der 1960er Jahre als Mitglied der *Byrds* große Erfolge verbucht – der *Byrds*-Hit „Eight Miles High" stammt beispielsweise von ihm. Sein Hang, unbequeme Wahrheiten an ungeeigneten Orten auszusprechen, war der Grund, dass ihm die *Byrds* 1967 den Stuhl vor die Tür stellten. Daraufhin legte er den Grundstein für die Weltkarriere von *Joni Mitchell* als Produzent ihres Debüts, bevor er dann mit *Stills* und *Nash* im Trio auf die Bühne zurückkehrte und – wie es *Siegfried Schmidt-Joos* in seinem Rocklexikon etwas despektierlich anmerkt – dessen *„Repertoire und Vortragsstil … mit leicht neurotischen Balladen und zuckrigem Harmoniegesang beeinflusste".*

Graham Nash, der dritte im Triumvirat, 1942 im britischen Blackpool geboren, war schon Ende der 1950er Jahre mit seinem Schulkumpel *Allan Clarke* in einem Blues-Duo aktiv, bevor beide Weihnachten 1963 die *Hollies* gründeten, eine der wichtigsten Gruppen der so genannten *British Invasion* der 60er Jahre. Während einer US-Tour 1968 stieg er jedoch aufgrund musikalischer Differenzen aus dieser sicheren Gelddruckmaschinerie aus, und damit war das Trio *Crosby, Stills & Nash* komplett.

Neil Young, unser Geburtstagskind des Monats November, stieß 1969 hinzu, die erste gemeinsame LP „Deja Vu" offenbarte 1970 einen erstaunlich vielfältigen Sound, der gerade durch seinen Eklektizismus faszinierte und das Zusammenspiel der vier Gitarren als musikalisches Bett für den vierstimmigen Satzgesang perfektionierte. Als leider meist ungenannte Studio-Rhythmusgruppe hinter den vier Stars seien auf jeden Fall der Bassgitarrist *Gregory Reeves* sowie *Dallas Taylor* am Schlagzeug erwähnt.

Mit ihrem Akustik-Folk-Rock knüpften *Crosby, Stills, Nash & Young* in etwa dort an, wo die *Byrds* aufgehört hatten, und waren andererseits Wegweiser für spätere Bands wie *Poco,* die *Eagles* oder *Restless Heart.*

Noch im selben Jahr 1970 erschien dann jenes Live-Album, das schon im Titel das künstlerische Prinzip des Quartetts verdeutlichte: „4Way Street" – die vierspurige Straße, die zumindest damals geradewegs auf den Olymp der Popmusik zu führen schien. Ich denke, dieses Album steht ganz sicher in vielen Plattenregalen und gehört zu jenen, die einfach keinen Staub ansetzen wollen.

Aus „4Way Street" jetzt drei *Neil-Young*-Kompositionen am Stück: „On The Way Home", „Cowgirl In The Sand" und das damals tagesaktuelle „Ohio" mit Anspielungen auf US-Präsident Richard Nixon und die Ermordung von vier unbewaffneten Studenten durch die Nationalgarde. Und gerade bei diesem Stück ist das prägnante, immer etwas kantige E-Gitarrenspiel von *Neil Young* gut herauszuhören, das uns in dieser Sendung später noch bei Aufnahmen von *Neil Young* und *Crazy Horse* mehrfach begegnen wird…

Crosby, Stills, Nash & Young: On The Way Home / Cowgirl In The Sand / Ohio

Mitgeschnitten wurde das Doppelalbum übrigens bei insgesamt drei Konzerten, die im Frühsommer 1970 im New Yorker *Fillmore East*, im *Chicago Auditorium* sowie im *Forum Los Angeles* stattfanden. Hierbei war *Calvin „Fuzzy" Samuels* am Bass, der in der Karibik geboren wurde und ursprünglich Reggae mit *Eddy Grant* und *Bob Marley* gespielt hatte; später ist er auch bei der von *Stephen Stills* 1971 gegründeten Band *Manassas* mit von der Partie. Und am Schlagzeug saß inzwischen *Johnny Barbata*, der zuvor mit den *Turtles* und ihrem „Happy Together" einen echten Welthit hatte und der später auch bei *Jefferson Airplane* und *Jefferson Starship* trommeln sollte – auch er ist in diesem Jahr übrigens 75 geworden. Und hier sind sie alle musikalisch vereint - sozusagen *happy together!*

Crosby, Stills, Nash & Young: Southern Man

„Southern Man" – ein deutlicher Text von *Neil Young* über den Südstaaten-Mann – frei übersetzt heißt es da: *„Vergiss nicht, was dein heiliges Buch gesagt hat, / Der Wandel im Süden wird schließlich kommen, / Jetzt, wo deine Kreuze schnell verbrennen, / Mann des Südens – wie lange noch?!"*
Vor politischen Botschaften, mitunter auch etwas naiv bis plakativ, hat sich *Neil Young* übrigens nie gescheut – zumeist artikuliert aus einer Außenseiterposition heraus, der *lonesome Cowboy* sozusagen. In den 80ern allerdings gibt es dann auch erzkonservative Töne von *Neil Young* zu hören, der seinerzeit den republikanischen Präsidenten Ronald Reagan hofierte, um sich Jahre später davon zu distanzieren und wiederum Wahlkämpfe der Demokraten zu unterstützen, so auch jüngst Joe Biden mit einer Neufassung seines Songs „Looking For A Leader" gegen Donald Trump – wie's ausgegangen ist, wissen wir seit wenigen Tagen!
Zurück zu jenen frühen *Crosby, Stills, Nash & Young*-Zeiten: Ein Radio-Konzert des Quartetts ist jüngst unter dem Titel „Official Radio Broadcast Live 1970" bei

Laser Media auf rotem Vinyl erschienen – aus diesem qualitativ wirklich hörenswerten Mitschnitt hier die *Neil-Young*-Titel „Tell Me Why" und „Down By The River" – gerade letzterer macht deutlich, dass sich *Neil Young* auch innerhalb des Quartetts immer mehr in die solistische Richtung emanzipierte.

Crosby, Stills, Nash & Young: Tell Me Why / Down By The River

Alle vier verfolgten ja bekanntlich neben dieser lockeren Gruppenarbeit ehrgeizige Solo-Projekte oder gründeten – wie *Stephen Stills* mit *Manassas* – eigene Bandprojekte. Die waren allerdings zumeist nicht so erfolgreich wie die gemeinsamen Platten und Tourneen. Immer mal wieder raufte man sich nach diversen Trennungen wieder zusammen, und selbst heute würde ich nicht ausschließen, dass sie, die nach Aussage von *Graham Nash* *"vier ausgeprägte Individualisten mit einer intensiven Liebe-und-Hass-Beziehung zueinander"* waren und sind, noch mal gemeinsam auf der Bühne stehen – erfreulicherweise sind ja noch alle unter den Lebenden!
Damit verlasse ich jetzt die Quartett-Phase, um den weiteren musikalischen Weg des Geburtstagskindes des Monats zu verfolgen.

Bereits in den späten 1960er Jahren war *Neil Young* mit eigenen Songs hin und wieder solistisch aufgetreten – Aufnahmen aus dem Jahr 1968 finden sich auf dem erst 40 Jahre später veröffentlichten Doppelalbum „Sugar Mountain – Live At Canterbury House". Das fehlt allerdings noch in meiner Sammlung – es ist zugegeben etwas hochpreisig…

Zudem hatte *Neil Young* schon 1969 mit dem Gitarristen und Songschreiber *Danny Whitten*, dem Bassisten *Billy Talbot* und *Ralph Molina* am Schlagzeug Musiker gefunden, die sich zwar *Crazy Horse* nannten, aber als Begleitband willig nach seiner Pfeife tanzten – ganz anders als der (nicht zuletzt vom Egomanen *Stephen Stills* angeheizte) ständige Konkurrenzkampf bei *CSN&Y*.

So konnte *Neil Young* also auch nach dem Split des Quartetts seinen Weg mehrspurig weiterverfolgen, und ich werde nun Liveaufnahmen des Kanadiers, der seit Januar dieses Jahres auch die US-Staatsbürgerschaft besitzt, sowohl als Solist als auch im energetischen Zusammenspiel mit *Crazy Horse* vorstellen.

Dabei kommen wir an einem Song nicht vorbei, der wohl jedem einfällt, wenn er den Namen *Neil Young* hört – „Heart of Gold". Sein einziger echter Charterfolg, wenn man so will – der 1972 auf „Harvest", der bis heute meistverkauften LP von *Neil Young*, enthalten ist. Der Song stand weltweit in den Hitparaden auf Platz Eins; das ist *Neil Young* danach nie wieder gelungen. Geschrieben hat er ihn in einer persönlich schwierigen Phase – aufgrund seiner frühen Kinderlähmung musste er 1971 nochmals am Rücken operiert werden, was nicht ganz ohne Komplikationen ablief – da war die Suche nach einem Herz aus Gold nur zu verständlich.

Ich habe hier eine Live-Version des Klassikers aus dem November 1976; die damals bei einer US-Tour entstandenen Mitschnitte wurden erst vor zwei Jahren als Doppelalbum mit dem Titel „Songs for Judy" aus den Archiven des Meisters offiziell veröffentlicht.

Danach ein zehn Jahre später entstandener Mitschnitt aus dem *Cow Palace* in San Francisco, wo *Neil Young* gemeinsam mit *Crazy Horse* rockte, nun schon lange mit dem Gitarristen und Keyboarder *Frank Sampedro* auf der Position von *Danny Whitten*, den *Young* noch während der Aufnahmen zu „Harvest" wegen seiner Drogenexzesse gefeuert hatte – *Whitten* starb kurz darauf an einer Überdosis. *Neil Young* hat die Tragödie in seinem Song „The Needle And The Damage Done" verarbeitet, den wir aus diesem Konzert hören.

Neil Young: Heart Of Gold / The Needle Ant The Damage Done

"Heart Of Gold", der Überhit schlechthin von *Neil Young*, ohne den keine repräsentative Oldie-Parade auskäme – die Musikzeitschrift *Rolling Stone* listet den Titel auf Platz 297 der 500 besten Songs aller Zeiten!
Aus seinem feinen Solo-Live-Album „Songs For Judy" will ich noch zwei seiner bekanntesten Stücke spielen. Zunächst der Titelsong seiner bis heute erfolgreichsten LP – „Harvest" aus dem Jahr 1972 – eine ganz frühe und reiche Ernte sozusagen. Es folgt das wunderbare "Here We Are In The Years" – die Abneigung des Barden gegenüber dem hektischen Stadtleben mit seiner lauten Oberflächlichkeit wird deutlich in Versen wie *„schade, dass die Menschen aus der Stadt keine Beziehung haben zu den langsamen Dingen, die das Landleben mit sich bringt".* Hier ist *Neil Young* solo und live…

Neil Young: Harvest / Here We Are In The Years

Dass der Blues zu den wichtigen Inspirationsquellen für *Neil Young* zählt, wird in einer Aufnahme deutlich, die ich aus einem 1983 in San Francisco mitgeschnittenen Livekonzert ausgewählt habe. Die Platte mit dem für sich sprechenden Titel „The Loner" ist 1990 in Lizenz von *Warner Brothers* bei *Surprise Records* erschienen – ich sage das deshalb, weil die Aufnahmequalität außerordentlich bescheiden ist und man eigentlich einen illegalen Bootleg vermuten würde, aber nein: Die Veröffentlichung ist vom Künstler autorisiert!
Das lässt durchaus Rückschlüsse auf die Soundvorstellungen von *Neil Young* zu, dem die zuckrigen Harmonien im Zusammenspiel mit *Crosby, Stills* und *Nash* ja schon gehörig gegen den Strich gegangen waren. Also wie gesagt – euer Empfangsgerät ist keineswegs defekt, wenn wir jetzt mitten hinein versetzt werden in die Atmosphäre eines Solokonzerts von *Neil Young* mit seinem bluesigen Hohelied auf die Zusammengehörigkeit von Mann und Frau – „Soul Of A

Woman", bei dem *Neil Young* zeigt, dass er auch auf den Pianotasten ganz gut zurechtkommt.

Neil Young: Soul Of A Woman

Nun zurück zu den etwas audiophileren Klängen: In kaum einem Konzert von *Neil Young* – egal ob solo oder mit *Crazy Horse* – darf das Zimtmädchen fehlen: „Cinnamon Girl". Nach dieser süßen Angelegenheit dann der Titelsong der 1975 erschienenen LP „Tonight's The Night", an der auch *Nils Lofgren* an der Gitarre mitgewirkt hatte und die von der Kritik als *„brillanter Höhepunkt depressiven Songschreibens und narzisstischer Selbstverlorenheit"* gefeiert wurde, weil sich Neil Young darauf weiterhin allen Trends und Moden verweigere. Die *New York Times* bezeichnete ihn nun sogar als – neben *Bob Dylan* – *„wichtigste(n) Rockkomponisten und -performer ..., den Nordamerika hervorgebracht"* habe.

Hier also *Neil Young* gemeinsam mit *Crazy Horse* von ihrem wohl bekanntesten Livealbum „Live Rust", das im Jahr 1979 erschienen ist und die Band und ihren Solisten in bester Spiellaune präsentiert.

Neil Young & Crazy Horse: Cinnamon Girl / Tonight's The Night

"Tonight's The Night" – ein düsteres Lied über den gitarrespielenden Arbeiter Bruce Berry, der am Ende dann auf der Hauptstraße wohl tödlich verunglückt ist, wenn ich den etwas kryptischen Text richtig deute.

Im selben Jahr 1975, als „Tonight's The Night" herauskam, erschien mit „Zuma" auch die zweite Studio-Platte gemeinsam mit *Crazy Horse*, und darauf mit „Cortez The Killer" sicher eines der wichtigsten Stücke aus der Feder von *Neil Young*. Eine poetische Abrechnung mit dem spanischen Eroberer der Neuen Welt – *„Er kam tanzend über das Wasser - Cortez, Cortez - Was für ein Mörder"* heißt es am Schluss des Songs, der übrigens in Spanien unter dem Franco-Regime verboten war.

Der *Rolling Stone* listet „Cortez The Killer" auf Position 339 der 500 besten Songs aller Zeiten, und in einer Übersicht der 50 besten Gitarrensoli der Rockgeschichte findet er sich auf Platz 39 wieder. *Neil Young*, befragt zu seinem Selbstverständnis als Gitarrist, brachte es so auf den Punkt: *„Ich bin von Natur aus eine sehr destruktive Person. Und das kommt wirklich in meinem Gitarrenspiel heraus"* – er verglich es gern mit einem Boxkampf.

Gut nachvollziehen lässt sich das in dieser Liveaufnahme aus dem Jahr 1984 – mitgeschnitten bei Konzerten in Santa Cruz, und auf der Plattenhülle ist ausdrücklich vermerkt, dass das Recording direkt aus dem Soundboard erfolgte, also nichts nachträglich ausgebessert oder geglättet wurde. So können wir die ganze Wucht von *Crazy Horse* genießen!

Neil Young & Crazy Horse: Cortez The Killer

Gerade sein unbändiges Gitarrenspiel machte *Neil Young* in den 1980er Jahren zu einer Art Leitfigur des *Grunge*, der aus den Probenraum-Garagen von Seattle aus mit *Nirvana, Sonic Youth* oder *Pearl Jam* einen deutlichen Gegenentwurf zum glatten Mainstream-Pop lieferte – „Godfather Of Grunge", dieses Etikett hat man ihm aufgeklebt, und in der Folge gab es eine Reihe gemeinsamer Konzerte und Tourneen mit Musikern dieser sehr viel jüngeren Generation.

Tragische Fußnote: Kurz vor seinem Selbstmord hatte *Kurt Cobain* noch versucht, mit *Neil Young* in Verbindung zu treten – es hat offenbar nicht sollen sein.

Von Aggressionen und den Schwierigkeiten, mit ihnen angemessen umzugehen,

handelt auch der folgende *Neil-Young*-Song „Violent Side": *„Ich muss jeden Tag und jede Nacht kämpfen, um die gewalttätige Seite zu kontrollieren – control the violent Side."*

Aufgenommen bei einem Konzert mit *Crazy Horse* im Kuhstall, pardon, natürlich dem *Cow Palace* von San Francisco im November 1986.

Neil Young & Crazy Horse: Violent Side

Nun noch ein ungeheuer kraftvolles Liebeslied, das musikalisch selbst wie ein Wirbelsturm daherkommt: *Neil Youngs* „Like a Hurricane" – der Sänger wird darin regelrecht umgehauen vom Anblick dieser braunäugigen Schönen, die das Herz des Träumers in einen stürmischen Aufruhr bringt – so ist es dem Text zu entnehmen.

Erstveröffentlicht wurde der Song 1977 auf „American Stars 'n Bars"; eine Platte, deren Einzeltitel über mehrere Jahre hinweg entstanden und unter wechselnden Bedingungen aufgenommen worden sind; so hört man bei „Will To Love" etwa im Hintergrund *Neil Youngs* Kamin deutlich knistern, vor dem er das Lied direkt in einen Kassettenrecorder hineingespielt hat. Auch das wiederum ein Indiz dafür, dass der kanadische Barde vor allem das Ursprüngliche, Ungeschliffene und Raue seiner Songs gewahrt wissen möchte. Legendär sind ja seine sehr viel späteren Versuche, Songs in einer Telefonzelle anstelle eines Studios einzusingen…

Neil Young & Crazy Horse: Like A Hurricane.

„Like A Hurricane" von und mit *Neil Young* – vielleicht sein bester Rocksong überhaupt... Tja, und damit endet nun auch diese 32. LiveRillen-Ausgabe hier auf Radio Corax. Als Abschluss noch einer meiner Lieblingssongs von *Neil Young* – „Rocking In The Free World" – aufgenommen bei einem Solokonzert, das *Neil Young* am 8. Dezember 1989, also nur einen Monat nach dem Fall der Berliner Mauer, in Hamburg gegeben hat – veröffentlicht von *DOL* im Jahr 2017 unter dem LP-Titel „Live In Europe, December 1989". Gegen die Verwendung dieses Songs im jüngsten US-Wahlkampf durch Donald Trump hatte *Neil Young* übrigens Klage eingereicht...

Und dann leiste ich mir noch einen Verstoß gegen die ehernen Gesetze dieser Sendung – ich spiele einen nicht auf Vinyl verfügbaren Livetitel ausnahmsweise von CD! Dabei handelt es sich um den ostdeutschen Liedermacher *Gerhard Gundermann*, der aktuell – 22 Jahre nach seinem viel zu frühen Tod – durch den

Andreas-Dresen-Film und das dreißigjährige Beitrittsjubiläum eine erfreuliche Renaissance erlebt: *Gundi* hatte sich kurz nach der Wende einen eigenen Reim auf den *Neil-Young*-Song gemacht, und der lautet: „Alle oder keiner"! Live dargeboten mit seiner damaligen Begleitband, den *Wilderern* aus Berlin.

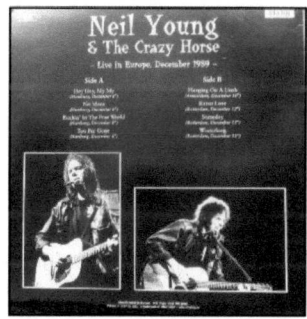

Neil Young: Rockin' In The Free World / Gundermann: Alle oder keiner

Quellen:

- Crosby, Stills, Nash & Young: 4 Way Street, Do.-LP, Atlantic, 1970
- Crosby, Stills, Nash & Young: Live Broadcast 1970, LP, Laser Media, o.J.
- Gundermann: Live – Stücke I, CD, BuschFunk, 2000
- Neil Young: The Loner (San Francisco 1983), LP, Surprise Records, 1986
- Neil Young: Songs For Judy, Do.-LP, Reprise Records, 2018
- Neil Young & Crazy Horse: Live Rust, Do.-LP, Warner, 1979
- Neil Young & Crazy Horse: Touch The Night Santa Cruz 1984, Do.-LP, Crazy Horse Records, 1984
- Neil Young & Crazy Horse: Prisoners Of Rock'n'Roll (1986), 3-LP-Set, Swingin' Pig, 1990
- Neil Young & Crazy Horse: Live In Europe, December 1989, LP, DOL, 2017

No. 33: Gratulationen und Erinnerungen

(für Joan Armatrading, Michael Granda, Tony Hicks und Jorma Kaukonen sowie an Alex Chilton, Frank Zappa und John Lennon)

Dezember 2020

Die gute Nachricht, Freunde, lautet: Auch dieses Jahr geht zu Ende! Was für ein Jahr: Corona machte so ziemlich alles platt, was Spaß macht – zumal im Bereich der Livemusik! Konzertsommer adé – das war echt Mist! Dass wir nun zum guten Schluss aber noch Mr. Trump adé sagen konnten, gehört zu den wenigen lichten Momenten, und so lasst uns gemeinsam nach vorn blicken mit dem Versprechen, dass es auch 2021 wieder zwölf unterhaltsame LiveRillen-Sendungen hier auf Radio Corax geben soll!

Für heute verspreche ich einen bunten Jahresausklang, denn wo sonst bekommt man schon in einer einzigen Sendung Musik von A wie *Joan Armatrading* bis Z wie *Frank Zappa* angeboten – und das auch noch live?!

Hinein also in diese Doppelstunde mit der eben erwähnten *Joan Armatrading* – am 9. Dezember feiert sie ihren 70. Geburtstag. Und auch wenn sie als Britin stets etwas im Schatten ihrer nordamerikanischen Kolleginnen von *Joan Baez* über *Joni Mitchell*, *Chi Coltrane* oder *Judy Collins* bis zu *Emmylou Harris* stand, muss sie schon aufgrund ihrer jahrzehntelangen und qualitativ stets überzeugenden Präsenz auf dem Plattenmarkt wie auf der Konzertbühne zu den wichtigsten Sängerinnen und vor allem auch Songwritern der letzten vier Jahrzehnte gezählt werden. Gleich mehr zu ihr – hier zunächst Musik von *Joan Armatrading*: „Mama Mercy", der Opener ihres 1979 erschienen Livealbums „Steppin' Out".

Joan Armatrading: Mama Mercy

Geboren wurde sie auf der kleinen Karibikinsel St. Kitts, der Vater Handwerker, die Mutter Hausfrau. Als *Joan* drei Jahre alt war, gingen die Eltern nach England, fassten in Birmingham Fuß und ließen die Tochter zunächst bei der Großmutter auf Antigua. Mit Sieben holten sie das Mädchen nach, das mit 14 Jahren die Gitarre für sich entdeckte und erste eigene Songs schrieb.

Bald folgten erste Auftritte und 1972 erschien die erste LP von *Joan Armatrading*, deren Texte allerdings nur zum Teil von ihr stammten. Dafür spielte sie so ziemlich alle Instrumente der Produktion selbst ein. 1974 kam sie dann bei *A&M Records* unter Vertrag, und die nachfolgenden Studioplatten brachten – unterstützt von Fernsehauftritten in der *John-Peele-Show* und bei *Saturday Night Live* auf *NBC* – nun auch erste Erfolge, was nicht ganz einfach war, da *Joan Armatrading* in keine der vorgefertigten Schubkästen der damaligen Rock&Pop-Welt wirklich hineinpasste: Ihre enorm tiefe Stimme, eine Contra-Alt-Stimmlage, fiel ebenso aus dem Rahmen wie der Stilmix aus Rock, Folk, Jazz, Blues, Soul und Reggae.

In einem Interview von 2003 sagte sie, es gehe in ihren Liedern *„überhaupt nicht um mich. Es geht immer um Liebe, den Schmerz und die Qual davon. Aber die Art, wie ich schreibe, beruht auf Beobachtung von anderen. Wenn die Songs über mich wären, wäre ich so verlegen, dass ich damit nicht aus der Haustür gehen könnte. "*

Bis heute gilt *Joan Armatrading* als intellektuelle und engagierte Künstlerin mit hohem Anspruch an sich selbst und an die Musiker, die sie im Studio oder live auf der Bühne unterstützen. Welche Qualität dabei herauskommt, zeigt auch der folgende Titel „Cool Blue Stole My Heart", ebenfalls enthalten auf dem 1979er Livealbum „Steppin' Out".

Der exzellente Frettless-Bass von *Bill Bodine*, der federnde Rhythmus, für den *Richie Hayward* am Schlagzeug sorgt, darüber das virtuose Saxofon von *Lon Price* – all das erzeugt ein jazziges Feeling, das der sich stilistisch kaum festzulegenden Künstlerin absolut entgegenkommt.

Joan Armatrading: Cool Blue Stole My Heart

So zupackend und kommunikativ sie auf der Bühne agiert, so zurückhaltend ist *Joan Armatrading* in Bezug auf ihr Privatleben. In einem Interview mit dem *Daily Telegraph* im Jahr 2003 sagte sie: *„Leute, die meine Musik mögen, haben ein berechtigtes Interesse an mir, aber ich muss etwas Privatsphäre bewahren, um den Leuten nicht zu sagen, was los ist oder was ich fühle. Wenn du nach Hause gehst, ist der Grund, warum es schön ist, weil es für dich persönlich ist und nur für die Leute, die man einbeziehen möchte. "*

Einiges ist aber doch über *Joan Armatrading* zu erfahren: So hat sie neben ihrer Musik einen Bachelor in Geschichte erworben. Fünf Jahre lang wirkte sie als Präsidentin der *Woman Of The Year Lunches and Awards* – einer jährlich stattfindenden Wohltätigkeitsveranstaltung mit und für Frauen. 2001 wurde sie dafür zum Mitglied des Ordens des Britischen Empire ernannt und in diesem Jahr anlässlich ihres 70. Geburtstages für ihre Verdienste um Musik, Wohltätigkeit und Gleichberechtigung als Kommandeur des Ordens geehrt. Außerdem wirkt sie im

Vorstand einer Stiftung, die sich für die Ausbildung von Mädchen in der Subsahara einsetzt – ein umfangreiches soziales Engagement der farbigen Künstlerin.

2011 hatte sie auf den Shetland-Inseln ihre langjährige Freundin *Maggie Butler* geheiratet; heute lebt sie in der südenglischen Grafschaft Surrey, wo sie auf ihrem Privatgelände ein eigenes Tonstudio eingerichtet hat, in dem sie ihre regelmäßig hoch gelobten Platten produziert.

Und damit noch einmal zurück zur Musik von *Joan Armatrading* und ihrer vor 41 Jahren bei einer ausgedehnten Nordamerika-Tournee aufgenommenen Konzert-LP „Steppin' Out". Genau dieser Titelsong zeigt, dass die Singer/Songwriterin auch eine durchaus versierte Gitarristin ist, was das begeisterte Publikum mit Zwischenapplaus honoriert. Nach dieser solistischen Einlage darf die vorzügliche Band dann ihre rockigen Qualitäten unter Beweis stellen bei „You Rope You Tie Me", mit dem die Sängerin ihre Freiheit gegen jedwede Fesseln verteidigt. Hier kommen nun auch *Ricky Hirsh* an der Leadgitarre und vor allem Keyboarder *Red Young* zum Zuge; letzterer brilliert in einem wunderbaren Chorus an der Hammond-Orgel, und am Schluss des Titels gibt's dann noch einen intimen Dialog zwischen Bass und Querflöte.

Zum Ausklang dieses Musikblocks kommt uns *Joan Armatrading* dann ganz folkig – „Love Song" heißt schlicht der Titel, der auch von *Tracy Chapman* stammen könnte und der die Contra-Alt-Stimme der Künstlerin nochmals eindrucksvoll zur Geltung bringt.

Joan Armatrading: Steppin' Out / You Rope You Tie Me / Love Song

Wir bleiben mit dem nächsten Künstler beim Akustik-Folk-Sound des letztgehörten Songs – die Gratulation gilt nun *Tony Hicks*, der am 16. Dezember 75 Jahre alt wird. Und wer mit dem Namen auf Anhieb wenig anfangen kann, dem sei gesagt: Dieser *Anthony Christopher Hicks* gehört zum Umfeld jener grünen Jungs, die Weihnachten 1962 die legendären *Hollies* gegründet haben. Um genau zu sein, holten diese ihn bereits 1963 für die zuvor ausgeschiedenen Gitarristen *Jeremy Levine* und *Vic Steele* in die Gruppe.

Geboren in Nelson, einer Kleinstadt im Nordwesten Englands, spielte er bereits mit 12 Jahren bei den *Skifflelets* Gitarre und Banjo. Zu Beginn der 60er Jahre wurde er dann Leadgitarrist bei *Ricky Shaw And The Dolphins*, die bereits über

Manchester hinaus populär waren. Von dort warben ihn die *Hollies* als lokale Konkurrenten ab, und im April 1963 nahm *Tony Hicks* dann schon an den ersten Plattenaufnahmen der Band für das EMI-Label *Parlophone* teil. Fortan prägte sein versiertes Instrumentalspiel auf Gitarre, Banjo und Bass den Gruppensound ganz wesentlich mit, und seine Stimme fügte sich ausgezeichnet in die ausgefeilten Gesangssätze ein: Mit seiner Stimmhöhe rundete er den Vokalsound der beiden Hauptsänger *Graham Nash* und *Allan Clarke* sozusagen nach oben hin ab. Dafür sind die *Hollies* berühmt bis heute, denn tatsächlich gibt es sie noch immer, und *Tony Hicks* hält gemeinsam mit Drummer *Bobby Elliott* die Fahne hoch.

Auch am Songwriting der *Hollies* war *Tony Hicks* zunehmend beteiligt – so wird er unter anderem bei den großen 60er-Jahre-Hits „I'm Down", „Carrie-Anne" oder „Stop, Stop, Stop" als Co-Autor genannt. Und einer der berührendsten *Hollies*-Titel kommt ganz aus seiner Feder: „To Young To Be Married".

Tony Hicks selbst ist seit 1974 verheiratet, und das bis heute mit derselben Frau *Jane Dawton* – durchaus keine Selbstverständlichkeit in diesen Kreisen. Allerdings waren die *Hollies* nie für wilde Orgien oder Sex&Drugs berüchtigt. Tonys Schwester *Maureen* ist übrigens mit dem *Hollies*-Schlagzeuger *Bobby Elliott* verheiratet. Tonys Sohn *Paul*, selbst musikalisch aktiv, ist Ton-Ingenieur in den *Abbey Road Studios* in London, wo er unter anderem für *Paul McCartney* und *Georg Harrison* gearbeitet hat.

2010 wurde *Tony Hicks* gemeinsam mit den *Hollies* in die *Rock and Roll Hall of Fame* aufgenommen – zur Feier war er leider verhindert, da er gerade selbst mit den *Hollies* auf Tour war. Aktiv also bis heute – möge das auch jenseits der 75 so bleiben!

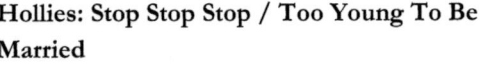

Hier nun zwei Songs der *Hollies* live, an denen *Tony Hicks* seine Anteile hat – er spielt das prägende Banjo bei „Stop, Stop, Stop" und zeichnet für „To Young To Be Married" komplett verantwortlich.

Hollies: Stop Stop Stop / Too Young To Be Married

Bleiben wir noch ein wenig in jenen frühen Jahren der Beat- und Rockmusik, denn auch das nächste Geburtstagskind hat dort wesentliche Spuren hinterlassen: der Gitarrist *Alex Chilton*, der am 28. Dezember seinen 70. Geburtstag feiern könnte – er ist bereits 2010 59jährig an einem Herzinfarkt verstorben.

Als Teenager gehörte der in Memphis/Tennessee Geborene zu den *Box Tops*, einer US-amerikanischen Rockband, die 1967 mit dem Song „The Letter" weltweit einen Top-Ten-Hit landen konnte – die Coverversion von *Joe Cocker* setzte dem nochmal eins drauf.

1969 löste sich das One-Hit-Wonder auf; *Alex Chilton* stieg bei *Big Star* ein und musizierte fortan im Trio mit *Andy Hummel* am Bass und dem Schlagzeuger *Jody Stephens*. Von Kritikern gelobt, blieb die Band kommerziell erfolglos und ging 1975 folgerichtig auseinander. Offenbar war das Publikum ratlos, wohin sie *Big Star* und ihren Gitarristen *Alex Chilton* denn nun stecken sollten: Der selbst sah sich als ambitionierten Jazzer, wollte nach eigenen Worten *„immer roh und kompliziert zugleich sein"* und hatte zudem ein schweres Alkoholproblem, das ihn nach einer Entziehungskur zum Komplettausstieg aus dem Musikbusiness veranlasste: In den 1980er Jahren schlug er sich als Landschaftsgärtner und Tellerwäscher durch.

Erst kürzlich sind erstmals Liveaufnahmen von *Big Star* aufgetaucht – ein 2018 erschienenes Doppelalbum enthält einen Konzertmitschnitt vom Januar 1973 aus *LaFayatte's Music Room* in Chiltons Geburtsstadt Memphis. Daraus jetzt zwei Stücke, die *Alex Chilton* geschrieben hat: „She's A Mover" und „O My Soul" – *Big Star* live!

Big Star: She's A Mover / O My Soul

Nach dem Aus von *Big Star* blieb die musikalische Karriere von *Alex Chilton* weitgehend auf der Strecke, abgesehen von einigen seltenen Versuchen, den einstigen und wohl zu früh erlangten Ruhms wiederzubeleben. Die Platten, die bis zu seinem Tod im Jahr 2009 noch sporadisch erschienen sind, fanden auch kaum noch Käufer, da sie die alten Fans eher enttäuschten und keine neuen erreichten. Eine Liveplatte von *Alex Chilton* will ich euch dennoch vorstellen: „Live In London" heißt sie, wurde 1980 aufgenommen und drei Jahre später auf *Line Records* veröffentlicht. Hier verdient das LineUp durchaus Interesse: Neben *Alex Chilton* steht nämlich *Ian Milroy Carnochan* auf der Bühne, der unter seinem Künstlernamen *Knox* bekanntgeworden ist: der 1945 geborene britische Musiker, Songwriter und Sänger ist Gründungsmitglied der Punk-Band *The Vibrators*. Neben der Musik ist *Knox* auch als Maler und Schriftsteller tätig. Seine Malerei ist sowohl von klassischen wie zeitgenössischen Vorbildern geprägt – er gibt dazu unter anderem *Salvador Dali* und *Andy Warhol* an. *Knox* porträtierte zahlreiche Punk-Musiker, etwa *Joe Strummer, Joey Ramone* oder *Sid Vicious*. Als Literat ist er hauptsächlich durch spannende Science-Fiction bekanntgeworden. Hier steht er also dem gleichaltrigen *Alex Chilton* auf der Bühne musikalisch bei. Dazu gesellten sich *Matthew Seligman* am Bass, der in der britischen New Wave-Szene aktiv war und unter anderem mit den *Soft Boys,* den *Thompson Twins, Thomas Dolby* und *David Bowie* gespielt hat; er ist kurz vor seinem 65. Geburtstag im April dieses Jahres verstorben. Und am Schlagzeug komplettiert *Soft-Boys*-Drummer *Morris Windsor* die Quartett-Besetzung von *Alex Chilton.*

„Der Gesang des Mannes hat sich seit den Tagen von ‚The Letter' vertieft und aufgeraut, dafür treten nun Pathos und persönliches Engagement hervor - mit einer Kraft, auf die nur das allerbeste Songwriting Anspruch erhebt" – so schreibt *Max Bell* vom *New Musical Express* auf dem LP-Cover von "Live In London".

Hier also von besagter Live-LP aus dem Jahr 1980 zunächst der *Alex-Chilton*-Song „September Gurls" und danach jenes legendäre „The Letter", das allerdings nicht aus *Chiltons* Feder stammt, sondern vom US-amerikanischen Country-Musiker *Wayne Carson Thompson* geschrieben wurde.

Alex Chilton: September Gurls / The Letter

„The Letter", eine unverwüstliche Erinnerung an *Alex Chilton* – vor 11 Jahren an einem Herzinfarkt verstorben; Ende dieses Monats wäre der Gitarrist und Sänger 70 Jahre alt geworden.

Sein ebenfalls 70. Wiegenfest wird bei hoffentlich guter Gesundheit ein US-amerikanischer Bassist, Sänger und Songschreiber am Heiligabend begehen können: *Michael Granda.* Er gehörte zu den Gründungsmitgliedern der *Ozark Mountain Daredevils,* einer amerikanischen Rock-/Country-Band, die 1972 in Springfield, Missouri, aus mehreren regionalen Vorgängerbands geboren wurde. Die Ozark Mountains sind eine Hochlandregion, die sich vom südlichen Missouri bis ins nördliche Territorium von Arkansas erstreckt – genau dort also, wo diese selbst ernannte Draufgänger-Truppe ihre ersten musikalischen Spuren hinterließ. Zu einem Plattenvertrag kamen sie erst im zweiten Anlauf – da sie bei einem offiziellen Vorspiel für die Scouts von *A&M-Records* zu aufgeregt waren, traf man sich nochmal abends am Kamin, und dieses Unplugged-Konzert im Wohnzimmer überzeugte A&M.

1973 produzierten die *Ozark Mountain Daredevils* ihre erste LP, erstaunlicherweise in London, was für eine US-Band mit einer Mischung aus Country, Bluegrass,

Rock und Pop nicht gerade normal war. Die Single „If You Wanna Get To Heaven" brachte einen ersten Achtungserfolg, bevor 1975 der Song „Jackie Blue" in den US-Charts bis auf Platz 3 stürmte. Damit war der Höhepunkt der Band allerdings bereits erreicht. Ihre Europatour 1976 endete im Desaster, Gründungsmitglied *Randle Chowning* stieg aus, wurde durch den Norweger *Rune Walle* ersetzt, die Band machte trotzdem weiter und erspielte sich insbesondere live eine treue Fangemeinde.

1978 verzichtete unser Geburtstagskind *Michael Granda* aber sogar auf eine Tour als Vorband für *Fleetwood Mac*, um seiner Frau bei der Geburt ihres zweiten Kindes beizustehen – das ist in Rockerkreisen vielleicht auch nicht so ganz üblich, macht ihn uns aber zweifellos sympathisch.

Unmittelbar danach entstanden dann Liveaufnahmen, die unter dem Titel „It's Alive" als Doppelalbum erschienen sind. Daraus jetzt eine Komposition von *Michael Granda*: „Oh Boys – It's Hot", da geht es feuchtfröhlich zur Sache, offenbar kein Einzelfall, denn wegen mehrfacher Trunkenheit auf der Bühne beendete A&M im Jahr 1979 die Zusammenarbeit mit den *Ozark Mountain Daredevils*. Hier aber sind sie live mit ihrem Bassisten *Michael Granda*, der diesen Song auch geschrieben hat und ihn selbst interpretiert.

Ozark Mountain Daredevils: Ooh Boys (It's Hot)

Übrigens hat *Michael Granda* auch ein Buch über die spannungsreiche und wechselvolle Geschichte der Band verfasst – „It Shined" heißt es, ist aber leider nur im englischsprachigen Original zu haben. Dafür sind die Draufgänger und Teufelskerle aus den mittelamerikanischen Ozark Mountains hierzulande wohl doch zu unbekannt, als dass eine Übersetzung ihrer zweifellos anekdotenreichen Story lohnen würde. Die von ihren Fans auch liebevoll als *The Ducks* bezeichnete Band existiert übrigens bis heute. *Michael Granda* selbst ist 1991 nach Nashville gezogen, wo er eine eigene Band unter dem Namen *Supe & The Sandwiches* an den Start brachte und sich an verschiedenen Projekten beteiligte, darunter auch als Bassist an einer von *Michael Clarke* initiierten Neuauflage der legendären *Byrds*. 2018 ist nach über 20 Jahren erstmals wieder ein neues Studio-Album der *Daredevils* erschienen: „Off The Beaten Path" heißt es programmatisch – abseits der ausgetretenen Wege!

Und genau dort könnte man auch der folgenden Ikone der unangepassten Popularmusik begegnen – er verkörpert sozusagen par excellence deren selbstironische und satirische Seite: *Frank Zappa*. Der begnadete Selbstdarsteller wurde am 21. Dezember 1940 in Baltimore, Maryland, geboren; am 4. Dezember vor 27 Jahren ist er an einem Krebsleiden verstorben – doppelter Grund also, in den Dezember-LiveRillen an ihn zu erinnern, der neben seiner Musik auch mal US-Präsident werden wollte, für den tschechischen Nachwende-Präsidenten *Vaclav Havel* als Kulturattaché tätig war oder in einem Fernsehkanal für Finanzgeschäfte als Osteuropa-Experte kommentierte.

Um diese komplexe Persönlichkeit angemessen zu würdigen, braucht es wohl mindestens eine ganze Sendung – das hebe ich mir für später auf. Heute also nur eine knappe Reminiszenz für einen Künstler, über den die unterschiedlichsten Meinungen im Umlauf sind – vom Genie der Avantgarde bis zum musikalischen Scharlatan ist da alles dabei. Schwerlich – so schrieb ein Kritiker anlässlich seines Todes – werde man allerdings behaupten können, *Frank Zappa* wäre langweilig oder unumstritten gewesen.

Sein Gesamtwerk ist schon zu Lebzeiten auf über 50 Platten erschienen; Fotos von ihm haben ikonografischen Kultstatus – man erinnere sich an das dürre Männlein, das da mit diabolischem Grinsen und runtergelassenen Hosen auf der Kloschüssel hockt wie ein aufgrund der Verderbtheit der Welt vom Durchfall geplagter Mephisto – das war kein Fremdzitat, sondern tatsächlich von mir...

Ehe ich mich aber weiter in derartigen Formulierungen verheddere, gibt's erstmal Musik vom Meister: *Frank Zappa* und die *Mothers Of Invention* live mit „Titties & Beer", dem Eröffnungssong des 1976er Livealbums „Zappa In New York", sowie „Village Of The Sun" aus dem Album „Roxy & Elsewhere", das 1973/74 aufgenommen wurde.

Frank Zappa: Titties & Beer / Village Of The Sun

Plastic Ono Band: Scumbag

Richtig bemerkt – ich hatte zwei Titel von *Frank Zappa* und den *Mothers Of Invention* angekündigt – drei sind es aber geworden! Was ist da passiert? Nun – die Stimme neben *Zappa* war sicher unverkennbar: auch *John Lennon* soll in dieser Sendung gewürdigt werden – die unfassbare Tat des *Mark David Chapman*, der *Lennon* am New Yorker *Central Park* unmittelbar vor dem *Dakota Building*, in dem der Ex-Beatle mit seiner Familie

wohnte, aus nächster Nähe erschossen hat, jährt sich am 8. Dezember zum 40. Mal!

Wie aber lässt sich eine Verbindung von *Frank Zappa* zu *John Lennon* herstellen? – Ganz einfach: Was wahrscheinlich nur Wenige wissen – die von *Lennon* und seiner zweiten Frau *Yoko Ono* Ende der 1960er Jahre gegründete *Plastic Ono Band* hat in New York ein gemeinsames Konzert mit *Frank Zappa* und den *Mothers Of Invention* gespielt, das schon 1972 auf Vinyl veröffentlicht wurde – zweifellos eher eine Scheibe für Insider, aber heute passt sie natürlich in diese Sendung. Daraus haben wir „Scumbag" gehört, das *Lennon, Ono* und *Zappa* gemeinsam für diese Jam Session konzipiert haben – *Scumbag*, der Drecksack also – deutliche Worte.

Etwas poetischer kommen da die eigenen Stücke von *John Lennon* daher, die ich nun ausgewählt habe. Sie stammen aus derselben Zeit, 1972, aufgenommen bei einem Konzert der *Plastic Ono Elephants Memory Band* am 30. August im New Yorker *Madison Square Garden*, 1986 dann von Yoko Ono auf EMI veröffentlicht. Daraus zunächst „Instant Karma", ein aufrüttelnder Song, der klar macht, dass es auf uns alle und einen Jeden ankommt, was aus dieser Welt wird: *Well we all shine on - Nun, wir alle leuchten weiter / Wie der Mond und die Sterne und die Sonne / Ja, wir alle leuchten weiter – jeder einzelne von uns – los, komm!*

Das kann dann nur noch die *Lennon*-Hymne schlechthin toppen: „Imagine" – *Stell dir vor, alle Menschen würden sich diese Welt friedlich teilen - Du wirst vielleicht sagen, ich sei ein Träumer, aber, ich bin nicht der Einzige. Ich hoffe, eines Tages bist auch du einer von uns, und die ganze Welt wird wie eins sein.*

Was für eine Vision – wenn das nicht in die Vorweihnachtszeit passt, dann weiß ich auch nicht…

Hier also der unvergessene *John Lennon* und seine Band live im Jahr 1972 mit „Instant Karma" und „Imagine".

John Lennon: Instant Karma / Imagine

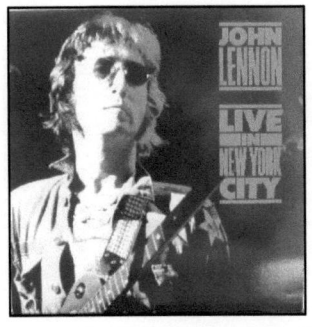 *John Lennon*, der am 9. Oktober 1940 in Liverpool geborene Ex-Beatle, der seine musikalische Karriere als Schüler in der Skifflegruppe *Quarrymen* begann, bei den *Fab Four* als der intellektuelle Kopf, später auch als esoterisch angehauchter Anarchist galt und dem seine Musik nach dem Aus der *Beatles* auch immer mehr zum seelischen Heilmittel wurde – verbunden mit harten Drogen und extremen therapeutischen Gegenmaßnahmen, woran die Aktionskünstlerin *Yoko Ono* bekanntlich keinen geringen Anteil hatte – bis heute schreiben ihr ja die eingefleischten *Beatles*-Fans (zu denen ich im Übrigen nie gehört habe) den Hauptanteil an der Trennung der berühmtesten Boygroup der Welt zu!

Vor nunmehr 40 Jahren wurde er von einem Psychopathen erschossen; und selbst aus diesem sinnlosen Tod formte seine Witwe noch Konzeptkunst, indem sie die blutbespritzte Nickelbrille von John auf dem Cover des nur drei Monate später veröffentlichten Memorial-Albums „Season Of Glass" abbildete.

Nun aber zurück aus dem Totenreich zu einer lebenden Legende, deren Name dennoch nicht so geläufig sein dürfte: *Jorma Ludwik Kaukonen*. Als Sohn eines finnischen Diplomaten wurde er am 23. Dezember 1940 in Washington D.C. geboren, feiert also in Kürze seinen 80. Geburtstag. Schon in seiner Jugend begeisterte er sich für Folk und Blues, spielte neben seinem Soziologiestudium gemeinsam mit seinem Jugendfreund, dem Bassisten *Jack Casady*, Gitarre in diversen Clubs an der Ostküste, schrieb erste eigene Songs und begleitete sogar einige Male eine damals noch gänzlich unbekannte Sängerin namens *Janis Joplin*. Nach dem Abschluss des Studiums 1965 stiegen *Kaukonen* und *Casady* in San Francisco in die Band eines gewissen *Paul Kantner* ein, die sich daraufhin den Namen *Jefferson Airplane* gab – die Idee zu diesem Namen reklamiert *Jorma Kaukonen* übrigens für sich.

Zur Stammbesetzung gehörten weiterhin der Gitarrist *Marty Balin*, Schlagzeuger *Spencer Dryden* und Sängerin *Grace Slick*. In der kalifornischen Szene genoss die Band mit ihrem psychedelischen Rock rasch Kultstatus, spielte an den Universitäten der Westküste und war bei allen großen Festivals der zweiten Hälfte der 1960er Jahre vertreten. In *Woodstock* waren sie die Headliner des zweiten, leider völlig verregneten Tages, und beim *Free Concert* der *Rolling Stones* in *Altamont* im Dezember 1969 spielten sie als deren Vorband, bevor der Abend dann bekanntlich in Gewalt und Mord versank (siehe auch LiveRille No. 21 im Band 2).

1973, nach diversen Umbesetzungen, entstand
das legendäre Livealbum „Thirty Seconds Over
Winterland", das *Jefferson Airplane* – nun mit dem
Geiger *Papa John Creach*, dem Sänger *David Freiberg*
und *John Barbata* am Schlagzeug, in Hochform
zeigt. Hier ein Stück aus dieser großen Zeit, das
Jorma Kaukonen für *Jefferson Airplane* geschrieben
hat: „Trial By Fire".

Jefferson Airplane: Trial By Fire

Als aus dem Flugzeug ein Sternenschiff wurde, ging *Jorma Kaukonen* von Bord, um
dem eher akustischen Blues zu frönen; *David Casady*, der Kumpel seit
Jugendzeiten, begleitete ihn auch dabei. *Hot Tuna*
nannte *Kaukonen* sein bereits 1970 gegründetes
Nebenprojekt, das bis heute locker existiert, also
immer mal wieder zusammenkommt und über die
vergangenen Jahrzehnte hinweg hier und da bei
Konzerten und Festivals auftauchte. Einige frühe
Liveaufnahmen sind auf Vinyl erschienen und
geben den Charme dieser Lagerfeuermusik (im
besten Sinne des Wortes!) gut wieder – hier sind

die *Kaukonen*-Titel „New Song For The Morning", 1970 im *New Orleans House* in
Berkeley mitgeschnitten, sowie „Been So long", aufgenommen bei einem
Radiokonzert 1971.

Hot Tuna: New Song (For The Morning) / Been So Long

Die US-amerikanische Folkblues-Band *Hot Tuna*
um den Gitarristen und Songschreiber *Jorma
Kaukonen*, der in Kürze seinen 80. Geburtstag
begeht. Gefeiert wird ganz sicher auf der *Fur Peace
Ranch*, einem 48 Hektar großen Musik- und
Gitarrencamp in den Hügeln im Südosten von Ohio, das er gemeinsam mit seiner

zweiten Frau *Vanessa* betreibt. *Kaukonen* lädt immer mal wieder dorthin zu Kursen
und Sessions ein; ein analoges 32-Spur-Studio inbegriffen. Immerhin führt der

Rolling Stone den Fingerpicking-Virtuosen *Jorma Kaukonen* in der Liste der 100 weltbesten Gitarristen auf Platz 54.

Das war dann auch die heutige LiveRillen-Ausgabe – die nächste Sendung gibt's gleich zu Beginn des neuen Jahres – dann bestückt mit zwei ganz großen Namen der populären Musik: *Joan Baez* wird im Januar 80 Jahre alt, gleiches stünde der *Woodstock*-Legende *Richie Havens* bevor, und *Phil Collins* sieht seinem 70. Geburtstag entgegen.

Hier zum Abschluss dieser Sendung noch einmal *Jorma Kaukonen* mit *Jefferson Airplane* und „Feel So Good" – selbiges wünsche ich euch natürlich auch – bleibt vor allem gesund und optimistisch!

Jefferson Airplane: Feel So Good

Quellen:

> ➤ Joan Armatrading: Steppin' Out, LP, A&M, 1979
> ➤ Big Star: Live At LaFayette's Music Room 1973, Do.-LP, Omnivore Records, 2018
> ➤ Alex Chilton: Live In London, LP, Line Records, 1983
> ➤ Hollies: Live Hits, LP, Polydor, 1976
> ➤ Hot Tuna: Recorded Live At The New Orleans House Berkeley, LP, RCA, 1970
> ➤ Hot Tuna: Historic Hot Tuna Live (1971), LP, Relix Records, 1985
> ➤ Jefferson Airplane: Thirty Seconds Over Winterland, LP, Grunt Records, 1973
> ➤ John Lennon: Live In New York City 1972, LP, EMI, 1986
> ➤ The Ozark Mountain Daredevils: It's Alive, Do.-LP, A&M, 1978
> ➤ The Plastic Ono Band: Live Peace In Toronto 1969, LP, EMI Records, 1970
> ➤ Frank Zappa/Mothers Of Invention: Roxy & Elsewhere, Do.-LP, WEA, 1974
> ➤ Frank Zappa: ZAPPA In New York, Do.-LP, WEA, 1977

No. 34: Joan Baez und Richie Havens werden 80
Phil Collins wird 70

Januar 2021

Auch diese Ausgabe der LiveRillen verspricht wiederum höchsten, in Vinyl gepressten Live-Musikgenuss, geschuldet den hochkarätigen und dabei durchaus unterschiedlichen Künstlerpersönlichkeiten, denen mit dieser Sendung zu ihren anstehenden Geburtstagsjubiläen gratuliert werden soll: Die US-amerikanische Folk-Ikone *Joan Baez* begeht am 9. Januar ihren 80. Geburtstag; der britische Ausnahmemusiker *Phil Collins* wird am 31. dieses Monats 70 Jahre alt. Und außerdem würde die 2013 verstorbene *Woodstock*-Legende *Richie Havens* am 21. Januar 80 werden.

Widmen wir uns zunächst *Joan Baez*, die ja vor allem durch berührende Interpretationen fremder Titel populär wurde, mit einer Preisfrage: Gibt es eine Liveplatte von *Joan Baez*, auf der kein *Bob-Dylan*-Titel enthalten ist? Schwer zu glauben, aber: Ja – die gibt es tatsächlich! „Early Joan Baez Volume I" heißt sie, wurde erst 1982 veröffentlicht und enthält Konzertaufnahmen aus den Jahren 1961 bis Sommer 63. Da war *Bob Dylan* noch ein schmaler, blasser und weitgehend unbekannter Jüngling, während *Joan Baez* schon zu den Stars der Folkszene um *Pete Seeger, Woody Guthrie* und *Phil Ochs* gehörte. Zur durchaus diffizilen Beziehung zwischen *Joan Baez* und *Mr. Robert Allen Zimmerman* später mehr.

Zum Einstieg in die Januar-LiveRillen habe ich zwei Stücke aus dieser ganz frühen Phase ausgewählt, die aber bereits die eindringliche Kraft, die künstlerische Präsenz und die faszinierende Ausstrahlung der damals gerade mal Zwanzigjährigen spüren lassen.

Zunächst „Man Of Constant Sorrow" – ein traditioneller amerikanischer Folksong, der zuerst von *Richard „Dick" Burnett*, einem blinden Geigenspieler aus Kentucky, aufgenommen und 1913 in einem Songbook veröffentlicht wurde – vermutlich ist das Stück über den immer traurigen Mann aber wesentlich älter. Danach folgt „Freight Train" aus der Feder von *Elizabeth Cotton*, einer höchst interessanten Künstlerpersönlichkeit, die – *Joan Baez* wird es verstehen – etwas ausführlicher vorgestellt werden soll.

Das Geburtsjahr der Afroamerikanerin ist umstritten, manche Quellen geben 1892 oder 1893 an, andere 1895. Als Kind brachte sie sich das Spielen auf dem Banjo, dann auf der Gitarre selbst bei. Dabei hielt sie als Linkshänderin die Instrumente „verkehrt" herum, ohne allerdings die Saiten umzuspannen. So kam sie zu ihrer einzigartigen Gitarrentechnik, bei der sie beim Fingerpicking die Melodie auf den hohen Saiten mit dem Daumen und den Wechselbass auf den tiefen Saiten mit dem Zeigefinger spielte. Früh wurde ihr musikalisches Talent sichtbar – so wird ihr nachgesagt, dass sie Lieder nachspielen konnte, nachdem sie diese nur ein einziges Mal gehört hatte.

Ihr bekanntestes eigenes Stück, eben jenen „Freight Train", soll sie im Alter von 12 Jahren geschrieben haben. In diesem typischen Tramp-Song heißt es: *Bitte sag nicht, in welchem Zug ich bin / Sie werden nicht wissen, welchen Weg ich gehe.*

Wirklich bekannt wurde *Elizabeth Cotten* erst in höherem Alter als Teil der Folk- und Blues-Renaissance zu Beginn der 1960er Jahre. 1985 erhielt sie für ein Live-Album sogar noch einen *Grammy*. Vermutlich 92jährig verstarb sie 1987 in New York; bis zuletzt war sie auf der Bühne präsent. Und 1989 wurde sie postum als

eine der 75 einflussreichsten afroamerikanischen Frauen gewürdigt.

Wir hören ihren „Freight Train" in der Interpretation von *Joan Baez* – zuvor aber wie angekündigt „Man Of Constant Sorrow".

Joan Baez: Man Of Constant Sorrow / Freight Train

„Freight Train" von *Elizabeth Cotten*, interpretiert von *Joan Baez*, die in wenigen Tagen ihren 80. Geburtstag feiert. Hier nun ein paar biografische Angaben zu der außergewöhnlichen Künstlerin, die ihr lebenslanges politisches Engagement verständlich machen.

Geboren wurde sie auf Staten Island in New York als Tochter eines mexikanischen Physikers, wuchs jedoch im kalifornischen Redlands auf – in den 1940er und frühen 50er Jahren ein erzkonservatives Milieu der weißen Mittelschicht in den USA. Hier lernte sie Rassendiskriminierung am eigenen Leibe kennen – das dunkelhäutige Mädchen wurde von den Nachbarskindern ferngehalten und immer wieder als „Nigger" beschimpft.

Der Rock'n'Roll der 1950er Jahre lockte sie zur Gitarre, doch während ihres Studiums an der Schauspielschule in Boston fand sie zum Folksong und damit zu ihrer eigentlichen Bestimmung. Zugute kam ihr dabei ihre fantastische Stimme, die ein Kritiker der *Times* „*so klar wie die Luft im Herbst*" beschrieb: „*ein vibrierender, kraftvoller, unerzogener, aufwühlender Sopran*". Kurioserweise setzte *Joan Baez* gar nicht vordergründig auf diese künstlerische Eleganz – sie sei weniger Sängerin als vielmehr Politikerin, sagte sie schon früh von sich selbst; sie ließ sich nie als Star von den Medien vereinnahmen, verweigerte Steuerzahlungen mit Hinweis darauf, dass ein Teil der Gelder für Waffen ausgegeben werde, und unterstützte pazifistische Nicht-Regierungsorganisationen.

Pete Seeger, schon damals eine Legende im linksorientierten Folk-Lager, trat häufig gemeinsam mit ihr auf, und sie war es, die die noch kaum bekannten Songs eines gewissen *Robert Allen Zimmerman*, der in der New Yorker Künstlerhochburg *Greenwich Village* Fuß zu fassen suchte und sich dafür den Künstlernamen *Bob Dylan* ersann, auf die Bühne brachte. Wer weiß, ob dessen Karriere ohne die Katalysatorwirkung von *Joan Baez* tatsächlich so grandios und vor allem so schnell verlaufen wäre…

Zu dieser Zeit hatte *Joan Baez* noch kaum eigene Titel im Repertoire, das vor allem aus bearbeiteten Folksongs, Liedern der Gewerkschafts- und Friedensbewegung sowie Titeln von *Pete Seeger, Phil Ochs* oder eben *Bob Dylan* bestand. Dafür drei Beispiele aus dem Doppelalbum „Live In Italy", das 1967 aufgenommen wurde: *Pete Seegers* „Where Have All The Flowers Gone", „Blowin' In The Wind" von *Bob Dylan* und „There But For Fortune" des politischen Aktivisten und Sängers *Phil Ochs*, der sich – erst 35jährig – an einer psychischen Erkrankung und seiner Alkoholsucht leidend, 1976 das Leben nahm.

Seine Lieder leben weiter – auch durch *Joan Baez* und diese Aufnahmen von ihrem Album „Live In Italy".

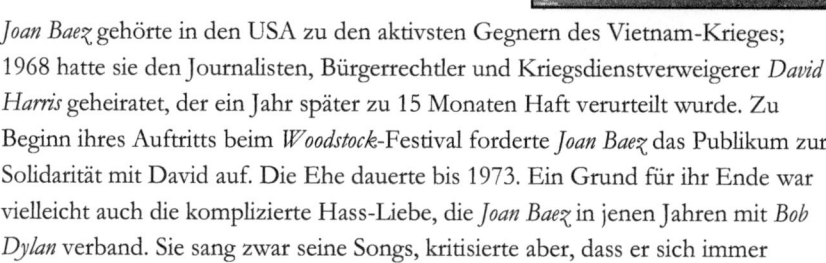

Joan Baez: Where Have All The Flowers Gone / Blowin' In The Wind / There But For Fortune

Joan Baez gehörte in den USA zu den aktivsten Gegnern des Vietnam-Krieges; 1968 hatte sie den Journalisten, Bürgerrechtler und Kriegsdienstverweigerer *David Harris* geheiratet, der ein Jahr später zu 15 Monaten Haft verurteilt wurde. Zu Beginn ihres Auftritts beim *Woodstock*-Festival forderte *Joan Baez* das Publikum zur Solidarität mit David auf. Die Ehe dauerte bis 1973. Ein Grund für ihr Ende war vielleicht auch die komplizierte Hass-Liebe, die *Joan Baez* in jenen Jahren mit *Bob Dylan* verband. Sie sang zwar seine Songs, kritisierte aber, dass er sich immer seltener politisch äußerte, und während einer Europa-Tournee beider kam es zum Eklat, als *Dylan* zu einem vereinbarten Duett einfach nicht auf die Bühne kam.

Im Titelsong der 1975 erschienenen *Joan-Baez*-LP „Diamonds & Rust" lässt sich die Sängerin diesbezüglich tief in die Seele blicken: *„Ich hörte am Telefon eine Stimme, die ich gekannt habe / Vor ein paar Lichtjahren / Auf dem Weg zum Abgrund"* – singt sie dort, und weiter: *„Wir wissen beide, was Erinnerungen bringen können / Sie bringen Diamanten und Rost | | Gib mir noch ein Wort / Du, der du so gut mit Worten umgehen kannst / um die Dinge vage zu halten / Weil ich jetzt etwas von dieser Unbestimmtheit brauche*

/ ... / Ja, ich habe dich sehr geliebt / Und wenn du mir Diamanten und Rost anbietest / Ich habe schon bezahlt" Den Song gibt's gleich vom Live-Album „From Every Stage"; davor noch zwei *Bob-Dylan*-Cover: „Love Is Just A Four-Letter Word" und „Forever Young" – hier ist *Joan Baez.*

Joan Baez: Love Is Just A Four-Letter Word / Forever Young / Diamonds & Rust

Diamanten und Rost von und mit *Joan Baez* – die bittere und zugleich poetische Bilanz ihrer Liebe zum ebenso gefühlsscheuen wie egomanischen *Bob Dylan*. Vor nicht einmal zwei Jahren erst hat sich die nunmehr 80Jährige von den Konzertbühnen der Welt verabschiedet – populär war und ist sie rund um den Globus, von Südamerika, dem ihr Engagement nach dem Putsch in Chile in den 1970er Jahren galt, über den asiatischen Raum bis nach Europa, wo sie oft und gern gastierte.

Dabei war ihr Bestreben, stets auch einige Songs in der Sprache des jeweiligen Gastgeberlandes zu interpretieren, und so finden sich von ihren Gastspielen hierzulande auch deutschsprachige Lieder auf ihren diversen Konzertalben. Drei habe ich herausgesucht, die viele von euch im Original kennen dürften: „Wozu

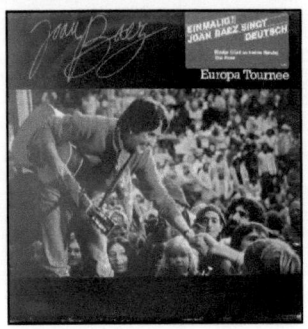

sind Kriege da" von *Udo Lindenberg*, gefolgt von *Konstantin Weckers* „Wenn unsere Brüder kommen" und schließlich gekrönt von *Bettina Wegners* ebenso schlichtem wie eindringlichem Kinderlied.

Joan Baez: Wozu sind Kriege da / Wenn unsere Brüder kommen / Kinder

Zum Abschluss meiner Geburtstagsgratulation für *Joan Baez* noch ein Song aus ihrer Feder, der dem Baptistenpfarrer und Bürgerrechtler *Martin Luther King* gewidmet ist, dessen Rede vom August 1963 am *Lincoln Memorial* in Washington D.C. mit jener Toleranz-Botschaft „I had a dream" legendär geworden ist. Am 4. April 1968 wurde er vom ein Jahr zuvor aus dem Gefängnis ausgebrochenen Kleinkriminellen und Rassisten *James Earl Ray* in Memphis erschossen.

„Warriors Of The Sun" – *Wir sind Krieger der Sonne*, singt Joan Baez darüber: *„Wir werden da sein, um die Hungrigen zu ernähren und die Kranken zu versorgen / Wir werden da sein, wenn die Nacht schwarz wird / Wir werden da sein, um die Schwachen, die Hoffnungslosen und die Müden zu tragen / Wir sind die Krieger der Sonne".*

Und dann doch noch einmal *Bob Dylans* komplexe Poesie voll dunkler Bilder aus der Kehle von *Joan Baez*: „A Hard Rain's A Gonna Fall" – aufgenommen während ihrer Europa-Tournee 1983.

Joan Baez: Warriors Of The Sun / A Hard Rain's A Gonna Fall

Nur zehn Tage jünger als *Joan Baez* ist die Folk-Ikone *Richie Havens*, und wenn es noch einer weiteren Verbindung zwischen beiden bedurft hätte, würden wir diese in *Woodstock* finden: Weil die Folkrock-Band *Sweetwater*, die das Festival eigentlich eröffnen sollte, in den hoffnungslos verstopften Zufahrtsstraßen steckengeblieben war, setzten die Veranstalter kurzerhand den damals 28jährigen und eigentlich nur den Insidern vom *Greenwich Village* bekannten Sänger und Gitarristen *Richie Havens* an deren Stelle – die Geburtsstunde einer Legende: Da sein Repertoire erschöpft war, dehnte er, nur begleitet vom Gitarristen *Paul „Deano" Williams* sowie dem Perkussionisten *Daniel „Natoga" Ben Zebulon* an den Congas, das Spiritual „Motherless Child" zu einer minutenlangen Improvisation über das Wort „Freedom" – dokumentiert auch im Konzertfilm von *Michael Wadleigh*.

Bis in die 2000er Jahre hinein blieb *Havens* musikalisch aktiv, zeitweise sogar mit dem eigenen Plattenlabel „Stormy Forest", doch verlagerte sich sein künstlerisches Schaffen zunehmend auf die Schauspielerei; daneben veröffentlichte er Prosa- und Lyrik-Bände und war auch als Maler erfolgreich, bis er 2013 einem Herzinfarkt erlag. Vom Sänger *Richie Havens* werden uns besonders seine eigenwilligen Interpretationen bekannter Stücke von *Bob Dylan*, den *Beatles*, *Van Morrison* oder *Graham Nash* im Gedächtnis bleiben.

Um an seinen am 21. Januar bevorstehenden 80. Geburtstag zu erinnern, habe ich vom 1972 erschienenen Livealbum „Richie Havens On Stage" zwei Stücke

ausgewählt – zunächst „Teach Your Children", geschrieben von *Graham Nash* und von diesem gemeinsam mit *Crosby, Stills* und *Young* zum Hit gemacht, und danach das eigene „Minstrel From Gault" – über den Minnesänger, den *Richie Havens* hier an den Fundort einer paläoindianischen Kultur in Texas versetzt.

Richie Havens: Teach Your Children /
Minstrel From Gault

Nun aber wieder zu einem lebenden Musiker, und einem der zweifellos bekanntesten in der populären Musik der Gegenwart: *Phil Collins*, der am 31. Januar seinen 70. Geburtstag begehen kann.

Der gebürtige Londoner feierte erste Erfolge als Kinderdarsteller auf Bühne und Filmleinwand, ehe ihm die Drumsticks in die Hände fielen und er ein bemerkenswertes rhythmisches Talent offenbarte.

Nach ersten Erfahrungen mit diversen Schülerbands stieg er mit 19 Jahren bei *Genesis* ein, die *Peter Gabriel, Steve Hackett, Mike Rutherford* und *Tony Banks* einige Jahre zuvor gegründet hatten und die als Gruppe bis zu diesem Zeitpunkt lediglich regionale Bekanntheit erlangen konnten.

Der Durchbruch kam mit einer theatralischen Mischung aus zumeist recht pompösen Soundkonstrukten, angereichert mit vokalen Passagen auf kryptisch-düstere Texte und dramaturgisch aufgewertet durch gezielt eingesetzte dynamische und rhythmische Akzente. Für letztere sorgte *Phil Collins*, der auch den vokalen Background hinter dem oft phantasievoll maskierten Frontmann *Peter Gabriel* verstärkte.

Aus dieser ersten, vor allem bei der studentischen Jugend in Großbritannien und Westeuropa erfolgreichen *Genesis*-Ära das prototypische „The Return Of The Giant Hogweed" – die Rückkehr des *Riesen-Bärenklaus*, eine Satire auf die Ausbreitung jener invasiven eurasischen Giftpflanze, die hierzulande auch gern mal als „Stalins Rache" bezeichnet wird. Hier sind *Genesis*

live, aufgenommen im Frühjahr 1973 bei einem Konzert im britischen Manchester.

Genesis: The Return Of The Giant Hogweed

Als Frontmann *Peter Gabriel* 1975 *Genesis* zugunsten einer durchaus erfolgreich verlaufenden Solo-Karriere verlassen hatte, war zunächst guter Rat teuer, wer nun den Platz am verwaisten Solistenmikrofon der Band einnehmen sollte. Sage und schreibe 400 Sänger wurden ausprobiert – und fielen sämtlich durchs Raster. Die Lösung lag dann näher als gedacht: Die übrigen Bandmitglieder entschieden, dass *Phil Collins* (optisch ja nicht gerade der Frontman-Typ) fortan den Sologesang zu übernehmen habe. Und das klappte auf Anhieb hervorragend!
Mit dem Wechsel am Mikrofon ging ein deutlicher stilistischer Wandel einher. Die Songs wurden straffer, konzentrierter, eingängiger, verloren das Überkonstruierte des Kunstrock und gewannen dafür Radiotauglichkeit und Chart-Präsenz.
1977 erschien das Live-Album „Seconds Out". Daraus jetzt „The Lamb Lies Down On Broadway".

Genesis: The Lamb Lies Down On Broadway

Kurz nach dieser Tournee verabschiedete sich auch noch *Steve Hackett*, um auf Solopfaden zu wandeln, was den Erfolg des Rumpf-Trios keineswegs schmälerte: Für die Platte „And Than There Were Three" gab's erstmals Gold und Rang 3 der LP-Charts in Großbritannien. Bei den Tourneen von *Genesis* übernahmen nun *Bill Bruford* oder *Chester Thompson* den Schlagzeug-Part – manchmal sogar beide gemeinsam. Und für die Drum-Soli setzte sich auch *Phil Collins* immer mal wieder hinter die Schießbude, und dann donnerte ein echtes Schlagzeug-Gewitter von der Bühne ins begeisterte Publikum.
Nach ihrer ausgedehnten Amerika- und Europa-Tour 1980/81 erschien das Live-Album „Three Sides Live", daraus jetzt „Follow You, Follow Me", das sich auch als Single hervorragend verkauft hatte.

Genesis: Follow You, Follow Me

Zum Zeitpunkt dieser Aufnahme war *Phil Collins* gerade mal 30 Jahre alt – nun
wird er in Kürze 70.

Die Band funktionierte in den folgenden Jahren wie eine gut geölte Maschine:
Produziert wurde – wie *Siegfried Schmidt-Joos* es ausdrückt – *„solides Klangwerk, das
keine Umsatzchance ausließ"*. Studioplatten wie „Invisible Touch" von 1986 oder
„We Can't Dance" von 1991 verkauften sich millionenfach, Hunderttausende
strömten zu den Konzerten, die immer gigantischer wurden und bei denen sich
die Generationen harmonisch in den Armen lagen – die Ruppigkeit des
Rock'n'Roll lag *Phil Collins* ebenso fern wie der Band ein dreckiges Gitarrenriff
oder eine schmerzliche Blues-Attitüde. Hier hatte jeder Ton genau an der richtigen
Stelle zu erklingen.

1991 kamen *Genesis* mit ihrer RoadCrew auch nach Deutschland; Toursponsor war
die Volkswagen-AG mit satten 20 Millionen D-Mark; eine Sonderedition des VW
Golf trug den Namen *Genesis*. Und der Berliner *Tagesspiegel* konstatierte angesichts
der gewaltigen Resonanz ein offenkundiges *„soziales Defizit an gemeinsamen
Erlebnissen in der Masse, an kurzzeitiger Intimität in der Öffentlichkeit, das von Konzerten wie
dem Genesis-Spektakel befriedigt und kommerziell abgeschöpft"* werde.

1992 veröffentlichte *Virgin* eine zweiteilige
Konzertauswahl unter dem Titel „The Way We
Walk" – auf dem Cover gut erkennbar, dass sich
nunmehr *Daryl Stuermer* an der Gitarre und *Chester
Thompson* am Schlagzeug offiziell zur *Genesis*-
Gemeinschaft zählen durften. Daraus „Land of
Confusion" und „That's All".

Genesis: Land Of Confusion / That's All

Tja, „That's All" – das trifft auch fast schon wieder auf diese LiveRillen-Ausgabe
zu, die jetzt auf die Zielgerade einbiegt. Den Endspurt will ich nutzen, um *Phil
Collins*, der Ende Januar 70 Jahre alt wird, nach der geäußerten Kritik doch noch
einmal zu würdigen: Sein Gespür für eingängige Melodien, für Balladen im
mittleren Tempo und den jeweils adäquaten Sound ist zweifellos einzigartig, zumal
sich der Multimillionär keineswegs als unantastbarer Star gibt; vielmehr meinte er
von sich selbst, er sei ein *„stinknormaler Typ, der gerne mal in der Kneipe einen hebt mit
Leuten, die … kein Interesse haben, über Musik zu reden"*.

In den 1990er Jahren wurden auch seine Texte nachdenklicher; er setzte sich mit politischen Themen wie dem nordirischen Bürgerkrieg auseinander und besang soziale Ungleichheit. 1996 stieg Collins offiziell aus bei *Genesis*.

Neben seinen Soloprojekten schrieb er diverse Filmmusiken, produzierte Platten befreundeter Musiker wie *Eric Clapton* oder *Sting*, arbeitete mit einer Bigband, machte sich auch als Schauspieler einen Namen und hat vor einigen Jahren seine Autobiografie veröffentlicht. Und selbst als Drummer war er noch immer gefragt – so saß er unter anderem bei *Jethro Tull, Led Zeppelin* und *Eric Clapton* hinter den Trommeln – der *Rolling Stone* führt ihn auf Platz 43 der hundert weltbesten Schlagzeuger! Ehre also, wem Ehre gebührt!

Nach überwundener Alkoholsucht gilt er allerdings seit einigen Jahren als gesundheitlich angeschlagen, was ihn nicht daran hinderte, 2018 und 2019 ausgedehnte Tourneen zu unternehmen, und aktuell ist sogar eine Neuauflage von *Genesis* im Gespräch.

2019 wurde das Solo-Live-Album zur 1990er *Serious*-Tour tontechnisch überarbeitet und auf 180-Gramm-Vinyl neu herausgegeben, eine perfekte Produktion ohne Ecken und Kanten, nichts tut weh – sowas kann dann ebenso gut im Kaufhaus wie in der Ü-50-Disko laufen. Aber mitunter tut uns ja auch diese Harmonie ganz gut – gerade in Zeiten wie diesen!

Und wer da sagt, das klinge ja wie *Genesis*, der hat zweifellos recht: Zum einen ist das dem nun mal unverwechselbaren Organ von *Phil Collins* geschuldet, zum anderen der Tatsache, dass mit dem Gitarristen *Daryl Stuermer* und *Chester Thompson* am Schlagzeug zwei der ständigen *Genesis*-Sidemen dabei sind, und auch *Leland Sklar* am Bass und Keyboarder *Brad Cole* fügen sich willig ins Soundkorsett ihres Masterminds.

Hier ist noch einmal *Phil Collins*, nun ganz Solist, mit seinen Hits „Don't Lose My Number" und „Another Day In Paradise" – und da schwingen sogar ein bisschen gedämpfte Sozialkritik und christliche Nächstenliebe mit.

Phil Collins: Don't Lose My Number / Another Day In Paradise

Dass *Phil Collins* in all den intensiven Jahren noch Gelegenheit und Zeit fand, seinem Faible für Fusion und Jazzrock zu frönen, ist schon erstaunlich: 1975 hatte er gemeinsam mit bekannten Musikern dieser Szene die Gruppe *Brand X* gegründet, die vorrangig mit Instrumentalstücken aktiv war und bis heute nicht als aufgelöst gilt, auch wenn es seit der Jahrtausendwende keine nennenswerten Aktivitäten mehr gab. Da *Brand X* nicht annähernd so bekannt ist wie *Genesis*, will ich die Musiker noch kurz vorstellen:

Gitarrist *John Goodsall*, geboren in Pennsylvania, hatte unter anderem bei *Joe Cocker, Colosseum, Juicy Lucy* und *Atomic Rooster* gespielt – dort übrigens unter dem Pseudonym *Johnny Mandala*.

Der Brite *Percy Jones* am Bass gilt als herausragender Spieler des bundlosen Instruments, beherrscht aber auch Slap-Techniken und virtuose Bassläufe, was er bei *Brian Eno, Soft Machine, Roy Harper* oder *Suzanne Vega* unter Beweis stellen konnte.

Und Keyboarder *Robin Lumley*, ebenfalls Engländer, hat unter anderem mit *David Bowie, Rod Argent* und *Bill Bruford* gespielt.

Ihr Platten-Debüt „Unorthodox Behaviour" wurde 1976 mit hunderttausend in Großbritannien verkauften Exemplaren ein Überraschungserfolg und Anlass für eine Tournee, bei der *Collins* aufgrund seiner *Genesis*-Verpflichtungen zeitweise durch den Schlagzeuger *Kenwood Dennard* vertreten werden musste. 1977 wurde die dabei mitgeschnittene LP „Livestock" veröffentlicht – bei drei der darauf enthaltenen fünf Titel bediente *Phil Collins* die Drums, so auch bei diesem Stück, das den knappen Titel „-ish" trägt.

Damit endet die heutige LiveRillen-Ausgabe – die nächste Sendung kommt im Februar mit großartigen Gitarrenklängen zwischen Rock und Blues von *Sonny Landreth*, der 70 Jahre alt wird, sowie von *Gary Moore*, dessen zehntem Todestag gedacht werden soll.

Brand X: -ish

Quellen:

- Joan Baez: Live In Italy, Do.-LP, Electrola, 1970
- Joan Baez: Europa 1967, LP, Vanguard Records, 1972
- Joan Baez: From Every Stage, Do.-LP, A&M, 1976
- Joan Baez: Europa Tournee, LP, CBS, 1980
- Joan Baez: Early Joan Baez Vol. I, LP, Vanguard/Metronome, 1982
- Joan Baez: Live Europa 83, LP, Ariola, 1983
- Brand X: Livestock, LP, Charisma Records, 1977
- Phil Collins: Serious Hits … Live!, Do.-LP, Atlantic, 1990/2019
- Genesis: Live, LP, Charisma, 1973
- Genesis: Seconds Out, Do.-LP, Charisma Records/Phonogram, 1977
- Genesis: Three Sides Live, Do.-LP, Vertigo, 1982
- Genesis: Live | The Way We Walk, LP, Virgin, 1992
- Richie Havens: On Stage, Do.-LP, Stormy Forest, 1972

No. 35: Sonny Landreth wird 70 / Erinnerung an Gary Moore zum 10. Todestag

Februar 2021

Allen Freunden des gitarrenorientierten Bluesrock darf ich zwei höchst anregende Stunden versprechen! Die reichliche erste gehört *Sonny Landreth*, der soeben seinen 70. Geburtstag gefeiert hat. In Canton, Mississippi, am 1. Februar 1951 geboren, gehört er seit Jahrzehnten zu den weltweit führenden weißen Blues-Protagonisten und ist bei zahlreichen Bands und Künstlern insbesondere aufgrund seines versierten Slide-Guitar-Spiels ein gern gesehener Gast. Neben den zahlreichen Verpflichtungen als Sideman im Studio oder auf der Bühne hat er aber auch die eigene Karriere nicht vernachlässigt; insbesondere in diversen Triobesetzungen bringt er seine herausragende Instrumentalkunst zur Geltung.

Im Januar 2017 wurden an drei aufeinander folgenden Tagen Konzerte von *Sonny Landreth* im *Acadania Center of the Arts* in Lafayette mitgeschnitten, also im südlichen Louisiana, sozusagen dem pulsierenden Herzen des akustischen Blues. Für *Sonny Landreth* quasi ein Heimspiel, denn vom siebenten Lebensjahr an ist der Sohn eines Versicherungsvertreters dort aufgewachsen und hat die lebendige Musik seiner Umgebung ganz authentisch erlebt.

Eine Blues-Attacke sozusagen, die ihn dort überrollt und geprägt hat, und damit steigen wir auch gleich musikalisch ein in diese Liverillensendung – nämlich mit dem Opener des Konzerts und damit auch des 2017 bei *Provogue* erschienenen Doppelalbums „Recorded Live In Lafayette": Hier ist *Sonny Landreth* mit seiner Band, die ich gleich näher vorstelle, und seinem Titel „Blues Attack", und im zweiten Teil des Stücks wird schon mal der Bottleneck zum Einsatz gebracht.

Sonny Landreth: Blues Attack

Sonny Landreth, US-amerikanischer Bluesgitarrist, vor ziemlich genau vier Jahren live im Konzert. Und nicht nur bei dieser Gelegenheit stand neben ihm der Bassist *David Ranson*. Beide kennen sich von Jugend an, und als *Landreth* mit den *The Goners* ein festes Trio formte, gehörte *David Ranson* von Anfang an dazu – und daran hat sich bis heute nichts geändert. Fast ebenso lange an der Seite von *Sonny Landreth* ist der Drummer *Brian Brignac*, der in Louisiana ein eigenes Tonstudio betreibt und dort diverse Blues-, Cajun- und Zydeco-Künstler produziert.

Zu diesem Trio gesellten sich auf der Bühne des Acadania Kulturzentrums in Lafayette der versierte Akkordeonspieler und Pianist *Steve Conn*, der vor allem in der amerikanischen Cajun-Szene einen klangvollen Namen hat. Er tourte mit dem legendären Bluesgitarristen *Albert King* durch Europa, stand mit *Levon Helm*, dem Drummer von *The Band*, auf der Bühne und wirkte an Studioproduktionen unter anderem von *Bonnie Raitt, Kris Kristofferson, Kenny Loggins, Joan Baez, John Mayall* oder den *Dixie Chicks* mit. Und immer wieder war *Steve Conn* im Konzert gemeinsam mit *Sonny Landreth* zu erleben, zuletzt im Herbst 2019 in den USA.

Zurück ins Jahr 2017 und damit auf die Bühne in Lafayette, wo außer *Steve Conn* ein weiterer Gast das Trio um *Sonny Landreth* ergänzte: Der Gitarrist *Sam Broussard.* Und auch das ein weitgehend unbekannter Hochkaräter, der als Studiomusiker zum Beispiel Produktionen von *Stephan Eicher, Linda Ronstadt, Michael Murphey, Jimmy Buffett* oder *Steve Riley* veredelt hat.

Hier nun Musik von diesem Quintett – beide Songs wiederum geschrieben von *Sonny Landreth*: zunächst „Hell At Home" – den erschröcklichen Bericht von der heimischen Hölle hören wir nachher übrigens noch einmal, also behaltet ihn bitte im Hinterkopf, und danach „Key To The Highway".

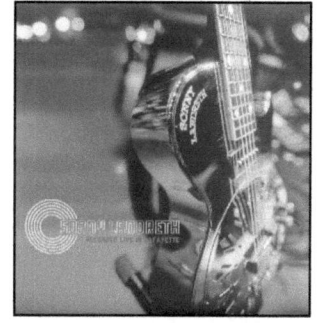

Sonny Landreth: Hell At Home / Key To The Highway

Die musikalische Einflüsse, die den Blues- und Slidegitarristen *Sonny Landreth* geprägt haben, sind so vielfältig, wie sich der kulturelle Schmelztiegel des südlichen Louisiana insgesamt darstellt: Country und Blues sind da ebenso zu Hause wie Cajun und Zydeco, was seine auffällige Vorliebe für das akustische Spiel verständlich macht und ihn von Bluesrockern wie *Rory Gallagher, Leslie West, Frank Marino* oder *Rick Derringer* recht deutlich unterscheidet. Aber natürlich hat auch der Rock'n'Roll der frühen 1960er Jahre keinen Bogen gemacht um Lafayette und den dort aufwachsenden Knaben, der allerdings mit zehn Jahren nicht etwa zur Gitarre griff, sondern – zur Trompete! Das wiederum verschaffte ihm ein fundiertes musiktheoretisches Fundament, auf dem sich vom 14. Lebensjahr an die Entwicklung als Gitarrist ausgesprochen erfolgreich vollzog. Er probierte dabei auch die Lap-Steel aus, also den auf einem Gestell montierten Gitarrenhals zum Erzeugen des Slide-Sounds, den er aber bald auch auf der normalen, allerdings offen gestimmten Gitarre trefflich erzeugen konnte. Sehr schön kann man diese Bottleneck-Technik beim folgenden Stück genießen.

Die Zeiten allerdings, da die Bluesgitarristen tatsächlich abgeschlagene Flaschenhälse gegen die Saiten drückten, um ihnen den charakteristischen Sound zu entlocken, sind natürlich längst vorbei: Heute werden Röhren aus Metall, Plastik, Kunstharz oder Plexiglas über den Finger gestreift. Bei *Sonny Landreth* ist es übrigens der kleine Finger der Griffhand, über den er den Bottleneck stülpt, was es ihm ermöglicht, zugleich die restlichen Finger zum Melodie- oder Riff-Spiel einzusetzen – eine Besonderheit seiner exzellenten Spielweise.

„A World Away" heißt der Titel, der wiederum aus der Feder von *Sonny Landreth* stammt und bei dem auch der Gastgitarrist *Sam Broussard* Freiraum zur Entfaltung bekommt.

Anschließend noch „Bound By The Blues", bei dem *Sonny Landreth* mit perfektem Finger-Picking seine stilistische Bandbreite unter Beweis stellt.

Sonny Landreth: A World Away / Bound By The Blues

Ich erwähnte ja schon, dass *Landreth* gerade als Slide-Guitar-Player häufig von Kolleginnen und Kollegen ins Studio oder auf die Bühne gebeten wird. Und wer – wie er – bei allen bisherigen *Crossroad-Festivals* Gast von *Eric Clapton* alias *Mr. Slowhand* mitspielen durfte, der gehört ganz sicher zu den ganz Großen seines Metiers. Das jüngste Crossroads-Festival fand ja 2019 statt; davon gibt es inzwischen eine toll aufbereitete Vinyl-Box. Und auch die vorangegangenen

Festivals sind mit einer 6-Platten-Box bestens dokumentiert. Daraus jetzt das 2007 aufgenommene „Hell At Home", und während vorhin (ihr erinnert euch?) die Akustik-Blues-Version zu hören war, bringen nun *Eric Clapton* und *Sonny Landreth* gemeinsam diese Hölle zuhause ganz schön zum Kochen. Ab geht's…

Sonny Landreth & Eric Clapton: Hell At Home

Jüngst legte eine zweistündige Dokumentation auf *Arte* eindrucksvoll die Hintergründe dieser *Crossroads*-Aktivitäten offen: *Claptons* jahrelange Drogen- und Alkoholsucht, die er erst nach dem tragischen Unfalltod seines vierjährigen Sohnes *Connor* überwinden konnte und die ihn 1997 zur Gründung des *Crossroads Centre* auf der Karibikinsel Antigua veranlasste. Zur Unterstützung dieser großzügigen, aber keineswegs nur betuchten Klienten offenstehenden Therapieeinrichtung für Suchtkranke veranstaltet *Eric Clapton* seitdem regelmäßig seine Festivals, deren Einnahmen an die Klinik gehen. Zudem ließ er 1998 einen Teil seiner Gitarren und Verstärker bei *Christie's* versteigern, was dem *Crossroads Centre* noch einmal gut fünf Millionen Dollar einbrachte. Die sehenswerte Dokumentation über *Eric Clapton* und seinen Kampf gegen die Sucht ist in der *Arte*-Mediathek noch verfügbar – das war der Werbeblock fürs öffentlich-rechtliche Fernsehen!

Zurück zu *Sonny Landreth*. Dass der nicht nur dem Akustik-Blues frönt, sondern durchaus auch rocken kann, das zeigt er auch bei dem folgenden Stück. „Back To Bayoo Teche" – hier wird die angezerrte *Fender Telecaster* zur Slide-Gitarre umfunktioniert, was zum Akkordeon von *Steve Conn* einen harmonischen Kontrast ergibt – so paradox „harmonischer Kontrast" auch erstmal klingt. Diese Aufnahme stammt wiederum vom Konzert im Januar 2017 in *Sonny Landreths* Heimatstadt La Fayette.

Sonny Landreth: Back To Bayoo Teche

Eine besonders intensive Zusammenarbeit verbindet *Sonny Landreth* seit mehr als drei Jahrzehnten mit dem US-amerikanischen Singer/Songwriter *John Hiatt*, der *Landreths* komplette Band, die *Goners*, immer wieder ins Studio gebeten hat, um seine hochkarätigen Alben einzuspielen. Und auch bei den Livekonzerten des 1952 in Indianapolis geborenen Musikers wird er in der Regel von diesem eingespielten Trio unterstützt und profitiert insbesondere von der Gitarrenkunst des *Sonny Landreth*.

Ganz sicher werde ich *John Hiatt* in einer der kommenden Liverillen-Sendungen ausführlicher vorstellen; verdient hat er es allemal, gehört er doch zu den wahrscheinlich am meisten unterschätzten Musikern seiner Generation. Als Songschreiber immerhin war und ist er durchaus erfolgreich; so belegten seine von Country, Folk und Rock inspirierte Songs in Fremdinterpretationen durchaus vordere Chartplätze und gewannen sogar den *Country Music Association Award*. Seine eigenen Veröffentlichungen allerdings erreichten stets nur eine relativ kleine, dafür aber treue Fangemeinde.

Vielleicht darf ich euch künftig dazuzählen? Die Qualität des Sängers und Musikers *John Hiatt* belegen nicht zuletzt die beiden Songs, die ich stellvertretend für seine Zusammenarbeit mit *Sonny Landreth* ausgewählt habe. Zunächst besingt *John Hiatt* seine Zungenspitze, oder vielleicht doch eher seine spitze Zunge? „Tip Of My Tongue" jedenfalls lebt hörbar von der Slidegitarre, die *Sonny Landreth* dem Titel beisteuert. Aufgenommen übrigens für den kanadischen Rundfunk im Jahr 1989 - und 2013 in bestechender Tonqualität vom Label „Let Them Eat Vinyl" in schwerer 180-Gramm-Qualität gepresst.

Von diesem Album dann gleich noch ein zweites Stück, das schwermütige „Ice Blue Heart", und auch da ist *Sonny Landreths* sägender Gitarrenton gut herauszuhören.

John Hiatt / Sonny Landreth: Tip Of My Tongue / Ice Blue Heart

Die musikalische Begegnung mit *Sonny Landreth* endet für heute mit einem Bluesklassiker: „Walkin' Blues" – einer der meistgecoverten Songs von *Robert Johnson* – im Original aufgenommen vor sage und schreibe 85 Jahren, im Jahr

1936! Und diese Fassung, die seinerzeit in einem Take und damit quasi live eingespielt werden musste, hören wir gleich im Anschluss an die Version von *Sonny Landreth* aus dem Jahr 2017.

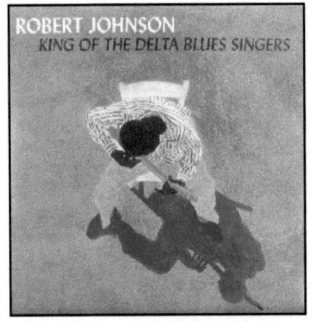

Sonny Landreth: Walkin' Blues
Robert Johnson: Walkin' Blues

Robert Johnson im Jahr 1936 – er hat sich das Etikett „Legende" trotz seines frühen und durchaus etwas mysteriösen Todes mit nur 27 Jahren redlich verdient; es gibt kaum einen Bluesgitarristen, der nach ihm kam und ihn nicht als wichtigen Inspirator nannte. Ansonsten will ich den Begriff „Legende" aber nicht überstrapazieren; *Sonny Landreth*, den wir zuvor hörten, würde sich selbst ohnehin kaum auf einen derartigen Sockel stellen lassen, und auch der folgende Künstler soll nicht zur Legende stilisiert werden. Belassen wir es dabei, dass auch er einer der Großen seines Fachs war – der Gitarrist und Sänger *Gary Moore*, der vor zehn Jahren am 6. Februar 2011 überraschend verstorben ist. Der Tod hat ihn im Schlaf ereilt, da war er gerade mal 58 Jahre alt.

Geboren wurde *Gary Moore* 1952 im nordirischen Belfast als Sohn eines Konzertveranstalters – da war die Perspektive frühzeitig klar: Bereits mit 16 Jahren spielte er in der irischen Band *Skid Row* eine derart versierte Gitarre, dass ihm *Peter Green* von *Fleetwood Mac*, als deren Vorband *Skid Row* auftraten, eine große Karriere voraussagte.

Mit der dauerte es dann doch eine Weile – sein Jugendfreund, der Bassist *Phil Lynott*, stieg aus, um mit *Thin Lizzy* durchzustarten. *Skid Row* blieben sozusagen auf der Strecke. Ein 1973 aufgenommenes Soloalbum von *Gary Moore* floppte; kurzzeitig war er danach sogar Mitglied von *Thin Lizzy*, gründete dann 1976 gemeinsam mit Schlagzeuger *John Hiseman*, Keyboarder *Don Airey,* dem Bassisten *Neil Murray* und Sänger *Mike Starrs* die Jazzrock-Formation *Colosseum II*, kehrte allerdings nach drei Plattenveröffentlichungen zu *Phil Lynott* und *Thin Lizzy*

zurück, um wenig später dann doch eine eigene Band unter dem Namen *G-Force* zu gründen, der auch kein großer Erfolg beschieden war.

Der stellte sich schließlich durch eine erneute Zusammenarbeit mit seinem alten Kumpel *Phil Lynott* ein: Die im Frühjahr 1979 erschienene gemeinsame Single „Parisienne Walkway" kletterte bis auf Platz 8 der britischen Charts. Das nehme ich zum Anlass, um dieses Stück, dessen Melodiepart zu einer Art Markenzeichen für *Gary*

Moore wurde, vorzustellen. Hier ist „Parisienne Walkway" in einer Liveversion aus dem Londoner *Marquee-Club*, die übrigens als Singleauskopplung nochmals in die Top 40 der britischen Charts einstieg.

Gary Moore: Parisienne Walkway

Thin Lizzy-Frontmann *Phil Lynott*, der zu „Parisienne Walkway" den Text beisteuerte, hatte das Stück in der Studiofassung selbst gesungen; die Melodie hatte *Gary Moore* dem Jazzstandard „Blue Bossa" von *Kenny Dorham* entlehnt. Mit seiner melancholischen Lyrik erinnert *Phil Lynott* wohl an seinen vermissten Vater, *Cecil Paris*, und an sein eigenes Geburtsjahr 1949. Eine Klage für den Vater, den er nie hatte, gekleidet in romantische Nostalgie – vermutete seinerzeit ein Kritiker. Nachdem *Lynott* Anfang Januar 1986 an den Folgen seines jahrelangen Alkohol- und Drogenmissbrauchs verstorben war, blieb es für seinen Kumpel *Gary Moore* wohl mehr als ein Freundschaftsdienst, diesen Song als Markenzeichen im Konzertrepertoire frisch zu halten – die Fans erwarteten und forderten das Stück ohnehin.

Bevor *Gary Moore* zum Blues fand, den er schon früh bei seinem Vorbild *Peter Green* bewundert hatte, war er aber durchaus dem härteren Rock zugetan.

Im Februar 1984 startete *Gary Moore* gemeinsam mit *Deep-Purple*-Drummer *Ian Paice*, dem *Rainbow*-Bassisten *Craig Gruber* sowie *Neil Carter*, der unter anderem bei *UFO* die Tasten gedrückt hatte, eine Welttournee, die am 2. September mit einem Konzert in Nürnberg endete. Von diesem „Monsters Of Rock" überschriebenen Ereignis haben Fans des Gitarristen tatsächlich auf eigene Kosten einen Vinyl-Bootleg gepresst, der in einer 150er Auflage die Konzertatmosphäre nacherlebbar macht, als stünde man mitten im Publikum. Daraus jetzt die *Gary Moore*-Version von „Shapes Of Things", das den *Yardbirds* um den Gitarristen und Sänger *Jeff Beck* 1966 einen Hit beschert hatte. Die Tonqualität ist allerdings eher bescheiden…

Danach dann aus dem offiziellen und wohlklingenden Doppelalbum zur Welttournee „We Want Moore!" das großartige „Empty Rooms", ein Liebeslied voller Schmerz über die Leere nach einer Trennung.

Gary Moore: Shapes Of Things / Empty Rooms

*Empty Rooms, where we learn to live without love - Ganz allein in einem leeren Raum /
Einsamkeit ist dein einziger Freund / sie ist weg und du bist am Ende… - Gary Moore* und
die ganz große Melancholie!

Und vielleicht war sie es auch, die den Mittdreißiger nach wechselhafter Rocker-
Karriere wieder zum Blues brachte: „Still Got The Blues", die LP aus dem Jahr
1990, kann da durchaus als Wendepunkt und Wegweiser verstanden werden –
mitgewirkt haben seinerzeit unter anderem *George Harrison* sowie die
Bluesgitarristen *Albert Collins* und *Albert King*. Und so standen für *Gary Moore* seine
verbleibenden beiden Lebensjahrzehnte unter dem blauen Stern, was auch seine
großartigen Livekonzerte prägte, die er in diesen Jahren mit wechselnder
Bandbegleitung spielte.

Einiges davon ist in herausragender Tonqualität inzwischen auf Vinyl erhältlich, so
etwa ein Konzert von 2007, das vor allem Liveversionen jener Stücke enthält, die
Gary Moore im selben Jahr auf seiner Studioplatte „Close As You Get"
veröffentlicht hatte.

Erschienen ist das Album „Live At Bush Hall" 2014 bei *EAR MUSIC*. *Gary Moore*
wird dabei unterstützt von *Brian Downey*, dem *Thin-Lizzy*-Drummer und
langjährigen Weggefährten, der vor wenigen Tagen 70 Jahre alt geworden ist.
Weiterhin dabei *Pete Rees* am Bass und der britische Bluespianist und Keyboarder
Vic Martin – beide zählten zum festen Stamm um *Gary Moore*. Und was hören wir?
Zunächst „If The Devil Made Whisky", ein schwermütiger Blues, in dem *Gary
Moore* den etwas gewagten Vergleich zwischen dem hochprozentigen Getränk und
seiner Freundin zieht – süchtig machen ihn beide Geschöpfe des Teufels, so sein

Fazit. Dabei erleben wir *Gary Moore* übrigens auch
als Slide-Gitarristen, wenn auch vielleicht nicht in
der Virtuosität eines *Sonny Landreth*…

Danach dann natürlich: „Still Got The Blues" mit
jenem hymnischen Gitarrenthema, das auch zehn
Jahre nach dem Tod von *Gary Moore* nichts von
seinem Gänsehaut-Feeling eingebüßt hat.

Gary Moore: If The Devil Made Whisky / Still Got The Blues

Gary Moore und seine Hymne auf den Blues. Was wäre von ihm noch zu erwarten
gewesen, wenn nicht vor zehn Jahren ein Herzinfarkt seinem Leben ein Ende
gesetzt hätte! Im Vorjahr ist übrigens bei *Provogue* noch ein Doppelalbum
erschienen, das eines der letzten großen Konzerte des Gitarristen und Sängers in
orangefarbenem Vinyl dokumentiert: „Live From London" heißt es,
aufgenommen am 2. Dezember 2009 in der *Islington Academy*. Wiederum dabei sind
Peter Rees am Bass und *Vic Martin* an den Tasten; am Schlagzeug bei diesem

Konzert *Steve Dixon*, ein US-amerikanischer Jazz- und Soul-Drummer, der unter anderem bei den *Spin Doctors,* bei *Foreigner, Mother's Finest* oder *Kool and The Gang* getrommelt hat. Aus diesem Album ein Stück, das der 2005 verstorbene schwarze Bluesgitarrist und Sänger *Little Milton* – mit bürgerlichem Namen *Milton Campbell Jr.* – geschrieben hat: „The Blues Is Alright". Und das kann man durchaus als Kommentar zur heutigen Liverillen-Sendung verstehen, denke ich.

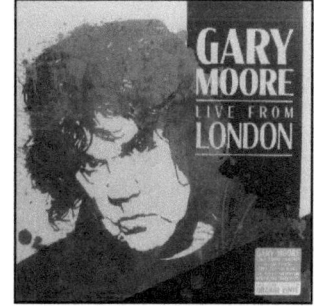

Hier ist noch einmal *Gary Moore.*

Gary Moore: The Blues Is Alright

„The Blues Is Alright" – dem ist eigentlich wenig hinzuzufügen. Ohnehin endet nun die heutige 35. LiveRillen-Ausgabe hier auf Radio Corax. Ich freue mich bereits auf die nächste Sendung: Das analoge Bollwerk im digitalen Zeitalter gibt's wieder im März, dann mit einem Instrumenten-Schwerpunkt, denn am 21. März 1846 – mithin vor 175 Jahren – hat ein gewisser *Adolphe Sax* in Frankreich ein folgenreiches Patent angemeldet… Außerdem gibt's sicher auch ein paar Geburtstagskinder des Monats zu würdigen.

Zum Schluss dieser Sendung noch ein paar Takte von und mit *Gary Moore* – aus dem *Bush-Hall*-Konzert von 2007 sein langsamer Blues „Trouble At Home" – ein durchaus berührender Song über Probleme in der Partnerschaft und ein Plädoyer, die Kinder nicht darunter leider zu lassen. Ich hoffe, bei euch ist diesbezüglich alles in Ordnung – bleibt gesund und optimistisch bis zum nächsten Mal.

Gary Moore: Trouble At Home

Quellen:

➢ Eric Clapton And Guests: Crossroads Revisited / Selections From The Crossroads Guitar Festivals, 6-LP-Set, RHINO/Reprise Records/Duck Records, 2019
➢ John Hiatt: Paper Thin / The 1989 Canadian Broadcast, Do.-LP, LTEV, 2013
➢ Sonny Landreth: Recorded Live In Lafayatte, Do.-LP, Mascot, 2017
➢ Gary Moore: Rockin' Every Night – Live In Japan, LP, Virgin, 1980
➢ Gary Moore: Live At The Marquee, LP, Green Line, o. J.
➢ Gary Moore: Live Nürnberg 2.9.84, LP, From Fans To Fans, 1984
➢ Gary Moore: We Want Moore!, Do.-LP, Virgin, 1984
➢ Gary Moore And The Midnight Blues Band: Back To The Blues, Do.-LP, Swingin' Pig Records, 1991
➢ Gary Moore: Live At Bush Hall 2007, Do.-LP, Ear Music, 2014
➢ Gary Moore: Live From London, Do.-LP, Provogue, 2020

No. 36: 175 Jahre Saxophon / Walter Trout 70

März 2021

In dieser LiveRillen-Ausgabe geht es aus gegebenem Anlass um ein besonderes Instrument. Wäre es nach seinem Erfinder, dem Belgier *Antoine Joseph Sax* (oder auch kurz *Adolphe Sax*) gegangen, dann wäre die Musikgeschichte wahrscheinlich ganz anders verlaufen: Er wollte nämlich ein Blasinstrument kreieren, das vornehmlich die Militärmusik bereichern sollte sowie die sinfonische Klassik! Am 21. März 1846 – vor nunmehr 175 Jahren also – reichte er in Frankreich einen entsprechenden Patentantrag unter der Nummer 3226 ein. Fünf Jahre zuvor hatte er die geschwungene und mit Luftklappen versehene Blechröhre, deren Ton das Anblasen eines Blättchens erzeugt und das deshalb den Holzblasinstrumenten zugerechnet wird, bereits erstmals zum Klingen gebracht. Nun erfolgte also quasi die Taufe: Das *Saxophon* war geboren – und diese Liverillen-Sendung ist sozusagen meine Gratulation zum 175. Namenstag!

Als 1929 *Henri Selmer* die Pariser Werkstatt von *Adolphe Sax* übernahm, war das Instrument längst vom New-Orleans-Jazz entdeckt und in diesen integriert worden; der deutsche Musikkritiker *Alfred Baresel* nannte es im selben Jahr *„das wichtigste Melodie-Instrument des Jazz"*. Dort hat es natürlich noch heute seine Bedeutung, doch dabei ist es nicht geblieben: Auch Blues, Rock und Pop wären ohne das Saxofon zweifellos klanglich ärmer.

Nicht verschwiegen werden soll das dunkle Kapitel des Nationalsozialismus: Das Saxofon wurde durch führende NS-Ideologen wie *Alfred Rosenberg* rasch als Instrument der *Entarteten Musik* oder Ausdruck einer *Negermusik* diffamiert und heftig bekämpft.

Das ist glücklicherweise Geschichte, wenn auch eine unrühmliche – widmen wir uns also den angenehmeren Zeiten, die das Saxofon in den vergangenen Jahrzehnten erleben durfte, wobei ich mich in dieser Sendung auf Jazz, Blues und die frühen Jahre des Rock konzentrieren will – die nächsten LiveRillen im April sollen dann das Thema Saxofon durch die Rockgeschichte fortsetzen.

Zum heutigen Einstieg habe ich ein Stück ausgewählt, das 1983 beim *KoolJazz-Festival* in Cannes aus der spannungsreichen Begegnung des Jazzgitarristen *Pat Metheny* mit den *Heath Brothers* geboren wurde – einem Jazzensemble, das 1975 von den Brüdern *Jimmy, Percy* und *Albert Heath* gemeinsam mit dem Pianisten *Stanley Cowell* in Philadelphia gegründet wurde. Führendes Melodieinstrument war das vom 1926 geborenen *Jimmy Heath* geblasene Tenorsaxofon – ganz im Sinne von „Move To The Groove"!

Pat Metheny & The Heath Brothers: Move To The Groove

Das Saxofon – hier meisterhaft gespielt von *Jimmy Heath*, genannt „*Little Bird*", in Kommunikation mit dem Gitarristen *Pat Metheney* – wird im März 175 Jahre alt. Natürlich war und ist das Saxofon vor allem in den unterschiedlichen Spielarten des Jazz zu Hause, und deshalb will ich auch in die heutigen LiveRillen angemessen jazzig einsteigen. Ausgewählt habe ich zwei nicht mehr ganz so bekannte Protagonisten, die aber zweifellos zu den Großen ihres Fachs zählen: den Argentinier *Gato Barbieri*, Jahrgang 1932, und *Illinois Jaquet*, vor annähernd 99 Jahren in Louisiana geboren – beide als Tenorsaxofonisten stilprägend.

Jaquet, getauft auf den Namen *Jean-Baptist*, Sohn einer Sioux-Indianerin und eines kreolischen Bahnarbeiters, der selbst eine Band leitete, begann als Schlagzeuger, griff aber bald zum Saxofon und machte in der Band von *Lionel Hampton* durch ungewöhnliche Soli auf sich aufmerksam. Später leitete er eigene Bands – vom Trio bis zur Big-Band-Formation, und trat auch als Jazzkomponist in Erscheinung. Seinen wohl populärsten Auftritt hatte er 1993 zur Amtseinführung des demokratischen US-Präsidenten Bill Clinton, der ja selbst als Hobby-Saxofonist durchaus Talent zeigte und der an diesem denkwürdigen Tag mit *Illinois Jaquet* im Duett jazzte. 2004 ist dieser im Alter von 82 Jahren an einem Herzinfarkt verstorben.

Ich habe eine Aufnahme aus dem Jahr 1971 herausgesucht – da hatte *Jaquet* gemeinsam mit dem Organisten *Milt Buckner* und *Tony Chrombie* am Schlagzeug ein spannendes Trio geformt. Wir hören den „C-Jam Blues", geschrieben von *Duke Ellington.*

Danach *Leandro Barbieri,* genannt *Gato,* der Kater – mit Livemusik aus demselben Jahr, aufgenommen in Buenos Aires, also ein Heimspiel für den gebürtigen Argentinier. Nach seinem Musikstudium war er viel unterwegs in Europa und den USA, engagierte sich zunächst im Free Jazz, um später verstärkt lateinamerikanische, vor allem afrobrasilianische Elemente mit ihren vielfältigen Rhythmen zu nutzen - zu jener Zeit eine einzigartige Mischung aus Jazz und Latin-Groove. 1972 gewann er übrigens für die Filmmusik zu *Bernardo Bertoluccis* Film „Der letzte Tango in Paris" einen *Grammy*. Auch mit *Carlos Santana* gab es zeitweise eine erfolgreiche Zusammenarbeit. Er ist 2016 im 84. Lebensjahr verstorben. Von seiner Liveplatte habe ich den Titel „Michelle" ausgewählt. Hier also zwei herausragende Tenorsaxofonisten des Jazz – *Illinois Jaquet* und *Gato Barbieri*, die uns den wandlungsfähigen Klang dieses Instruments demonstrieren.

Illinois Jacquet: C-Jam Blues
Gato Barbieri: Michelle

Zur Geschichte des Instruments sei erwähnt, dass es anfangs eine Vielzahl ganz unterschiedlicher Bauformen und Stimmungen gab. Das hat sich im Laufe der Jahrzehnte letztlich auf fünf Typen reduziert, die aufgrund des der menschlichen Stimme so ähnlichen Ausdrucksreichtums adäquat zu den Stimmlagen benannt sind: Sopran-, Alt-, Tenor-, Bariton- und Bass-Saxofon – im Wechsel sind sie in der Grundstimmung B-Dur bzw. Es-Dur gehalten.

Neben dem Jazz hat das Instrument mit seinem wandlungsfähigen Klang, der vom sanften Flüstern über kraftvolle Melodienbögen und heiseres Krächzen bis hin zum expressiven Aufschrei vieles zu bieten hat, gerade auch den Blues wesentlich bereichert. Dafür nun drei Beispiele:

Zunächst eine frühe Aufnahme vom *Folk Blues Festival 1962* im *Copa Cabana Club* in Chicago. Auf der Bühne standen unter anderem *Muddy Waters, Howlin' Wolf, Sonny Boy Williamson* und *Willie Dixon* als Sänger und Gitarristen, dazu *Jack Myers* am Bass und Drummer *Fred Below* als Rhythmusgruppe sowie *Otis Spann* am Piano. Als Saxofonisten, die hier noch eher als Harmonie-Füller denn als Solisten fungierten, waren *Donald Hankins* am Bariton und *Jarrett Gibson* am Tenor 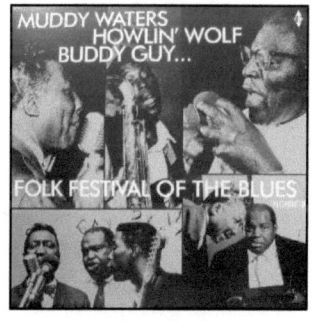 zu hören – wie beim „Worried Blues" von und mit *Buddy Guy*.

Danach *Chester Burnett*, sicher besser bekannt als *Howlin' Wolf*. Sein Konzert im *Alice's Revisited* in Chicago wurde 1972 als einzige offizielle Liveplatte des 1910 geborenen Sängers und Mundharmonikaspielers veröffentlicht. Zu seiner Band gehörte damals auch der Tenorsaxofonist *Eddie Taylor*, der bei dem selbstbewussten „Sitting On Top Of The World" keine unwichtige Rolle spielt, wie wir hören werden.

Schließlich noch *B.B. King*, der im September 1970 auch die Saxofonisten *Louis Hubert* (Tenor) und *Booker Walker* (Alt) mit hinter die Mauern des berüchtigten *Cook County* Gefängnisses nahm, um den gut zweitausend vornehmlich schwarzen Insassen ein mitreißendes Konzert zu liefern, das 1971 von *MCA Records* als Platte veröffentlicht wurde. Daraus jetzt „How Blue Can You Get" – eine bluesige Beschwerde über die Maßlosigkeit der Frau, was ein bisschen an das *Märchen vom Fischer un sin Fru* erinnert: *„Ich habe dir einen brandneuen Ford gegeben"*, singt B.B. King, *„Aber sie sagte: ‚Ich will einen Ca-Dill-AC'; Ich habe dir ein zehn Dollar Abendessen gekauft / Sie sagte: ‚Danke für den Snack' / Ich lasse dich in meinem Penthouse wohnen / Sie sagte: ‚Es war nur eine Hütte' / Ich gab dir sieben Kinder / Und jetzt willst du sie zurückgeben"* – so weit diese unerfreuliche Beziehungskiste.

Konzentrieren wir uns vielleicht doch eher auf die Bläser – neben den genannten Saxofonisten brilliert unter *B.B. Kings* Begleitern auch der Trompeter *John Browning* mit einem schmissigen Solo. Zuvor aber noch *Buddy Guy* und *Howlin' Wolf*...

Buddy Guy: Worried Blues
Howlin' Wolf: Sitting On Top Of The World
B.B. King: How Blue Can You Get

Zeitloser Blues in Aufnahmen, die rund ein halbes Jahrhundert alt und dennoch nicht verstaubt sind, zumal wenn das Saxofon darin aufblitzt, um das sich die heutige LiveRillen-Sendung dreht.

Als erster professioneller Bluesmusiker Europas gilt ja der weiße Gitarrist *Alexis Korner*, Jahrgang 1928 und in Paris geboren. Seine Familie emigrierte zu Beginn des 2. Weltkriegs nach Großbritannien, wo der 12Jährige auf den Blues stieß – der Legende nach hatte er eine Bluesplatte – geklaut! Nach dieser Initialzündung griff der begabte Knabe zur Gitarre, und auch wenn er als Solist nie zu besonderem Ruhm kam, spielte er in den 1950er Jahren mit zahlreichen amerikanischen und britischen Jazzgrößen zusammen und gründete zu Beginn der 1960er Jahre seine berühmte *Blues Incorporated*, die – so *Siegfried Schmidt-Joos* in seinem Standardwerk der Popularmusikgeschichtsschreibung – als *„erste Supergroup der Rockmusik"* gelten darf. Und wenn man die Namensliste der zeitweise Mitwirkenden liest, kann man das nur bestätigen: *Mick Jagger* und *Charly Watts* finden sich darauf ebenso wie *Jack Bruce, Ginger Baker, Robert Plant, Jimmy Page, Chris Farlowe* oder *Eric Burdon*. Und natürlich sind auch Saxofonisten vertreten: *Dick Heckstall-Smith* etwa oder *Mel Collins*, die in dieser Sendung noch mehrfach zu hören sein werden.

Ich habe von *Alexis Korners Blues Incorporated* den „Stormy Monday Blues" ausgewählt, mitgeschnitten zu *Korners* 50. Geburtstag 1978 – in der Session-Band die beiden genannten Saxofonisten *Dick Heckstall-Smith* und *Mel Collins*, am

Mikrofon übrigens *Chris Farlowe*. Aber wir achten mal besonders auf die Saxofon-Parts.

Alexis Korner: Stormy Monday Blues

Der Blues eines stürmischen Montags: *Alexis Korner* anlässlich seines 50. Geburtstages im Kreise seiner Getreuen, zu denen auch die Saxofonisten *Dick Heckstall-Smith* und *Mel Collins* zählten.

Zu den zahlreichen Rhythm&Blues-Bands, die seit Mitte der 1960er Jahre die britischen und US-amerikanischen Tanzklub-Bühnen beherrschten, zählte auch die Formation von *Johnny Rivers*, dem 1942 in New York geborenen Gitarristen und Sänger, dessen Auftritt zur Eröffnung des Edel-Clubs *Whisky A Go Go* auf dem *Sunset Strip* von Hollywood im Jahr 1965 geradezu legendär wurde. In seiner *L.A. Boogie Band* spielte auch der Tenorsaxofonist *Jim Horn* eine wichtige Rolle. Bei einem Konzert im Pariser *Olympia* im Mai 1973 coverte *Johnny Rivers* auch den „Walkin' Blues" des 1958 verstorbenen Country-Musikers *Rex Griffin*, was *Jim Horn* einige Möglichkeiten eröffnet.

Danach ein Instrumental von *Johnny and The Hurricanes* – auch so eine typische Club-Band rund um den Sänger und Saxofonisten *Johnny Paris*, die schon Ende der 1950er Jahre gemeinsam Rock'n'Roll, Twist und Boogie mit einer Prise Blues mixten und auf jeden Fall die Tanzbeine der Teens und Twens zum Wippen brachten. Ihre größte Zeit waren die frühen 60er – 1962 etwa gastierten sie im Hamburger *Star-Club*. Davon gibt es eine Live-LP, die lege ich nach *Johnny Rivers* und seinem „Walkin' Blues" auf, und wir genießen das gepflegte Tenor-Saxofon von *Johnny Paris* bei seinem „Paris Blues". Seit den 1980er Jahren hat *Johnny Paris* übrigens in Deutschland gelebt, wo er mit einer bekannten Autorin verheiratet war – er ist 2006 im Alter von nur 65 Jahren verstorben.

Johnny Rivers: Walkin' Blues
Johnny and The Hurricanes: Paris Blues

Die Migration des Saxofons vom traditionellen Jazz und Blues in die Rockmusik erfolgte in der zweiten Hälfte der 1960er Jahre auf zwei Wegen: Zum einen erweiterten klassische Rockbands ihr Gitarre-Bass-Schlagzeug-Fundament um komplette Bläsersätze, die aus Trompete oder Flügelhorn, Posaune und Saxofon bestanden und diese vornehmlich in einem rhythmisch akzentuierten Riff-Spiel einsetzten. Andererseits kristallisierten sich bald Saxofonisten heraus, die in ansonsten ebenfalls am klassischen Line-Up orientierten Bands solistische Funktionen übernahmen und den Gruppensound durch ihr versiertes Chorusspiel bereicherten und prägten. Dazu später mehr.

Zu den Großbesetzungen mit komplettem Bläsersatz gehörten um 1970 herum vor allem diese drei: *Chicago, Blood Sweat & Tears* und *Lighthouse*. Zumindest die beiden Erstgenannten dürften euch bekannt sein; die kanadischen Jazzrocker von *Lighthouse* haben unverdienterweise deren Popularität nie erreicht, stehen musikalisch aber keinesfalls zurück.

Hier zunächst *Chicago*, 1968 ebendort als *Chicago Transit Authority* gegründet und aufgrund hoher Professionalität aller Bandmitglieder rasch der Maßstab der Dinge im Jazzrock – äußerst beliebt gerade bei der studentischen Jugend an West- und Ostküste der USA. Ausgewählt habe ich von ihrem Konzertmitschnitt beim *Isle of Wight Festival* 1970 das Stück „Mother", komponiert vom Keyboarder *Robert Lamm*. Innerhalb des Bläsersatzes bewährt sich *Walter Parazaider* am Tenor-Saxofon.

Danach dann *Blood, Sweat & Tears*, ebenfalls 1968 gegründet von *Al Kooper*, dem vorherigen Keyboarder von *Blues Project* und in der Ausrichtung vielleicht noch

etwas jazziger orientiert als *Chicago*. Und während bei *Chicago* die Gesangsparts unter mehreren Bandmitgliedern aufgeteilt waren, steht bei *Blood, Sweat & Tears* mit *David Clayton-Thomas* eine absolute Bariton-Röhre am Mikrofon, was für einen hohen Wiedererkennungseffekt sorgt. Innerhalb der exzellenten Bläsersektion bedient *Bill Tillman* das Saxofon. Vom 1976 erschienenen Livealbum „In Concert" gibt's „Ride, Captain, Ride" zu hören.

Zeitlich zwischen diesen beiden Aufnahmen liegt das Livealbum von *Lighthouse*, das im Februar 1972 in der New Yorker *Carnegie-Hall* mitgeschnitten wurde. Hier harmonieren fetzige Bläsersätze mit ausgefeilten Gesangsparts, für die nicht nur *Bob McBride* als Vocal-Solist verantwortlich zeichnet. Aus diesem hörenswerten

Album habe ich „Old Man" ausgewählt, geschrieben vom Posaunisten *Larry Smith*, und am Saxofon hören wir *Howard Shore*. Hier sind *Chicago, Blood, Sweat & Tears* und *Lighthouse* live!

Chicago: Mother
Blood, Sweat & Tears: Ride, Captain, Ride
Lighthouse: Old Man

„Old Man" – wir hörten das Saxofon als Teil eines soundbestimmenden Bläsersatzes, mit dem um 1970 herum Bands wie *Chicago, Blood, Sweat & Tears* oder eben *Lighthouse* enormen Erfolg hatten. Der andere Weg des Saxofons in die Rockmusik führte über seine Rolle als Solo-Instrument, und da gehört zweifellos der 1947 auf der Isle of Man geborene *Mel Collins* seit den 1960er Jahren zu den wichtigsten Wegbereitern – ohne seine Leistungen als Klarinettist, Flötist oder Keyboarder schmälern zu wollen. Er war um 1970 Mitglied von *King Crimson*, später dann von *Camel* und dem *Alan Parsons Project*; daneben spielte er u. a. für *Eric Burdon, Roger Chapman, Clannad, Eric Clapton,* die *Dire Straits, Peter Gabriel, Meat Loaf,* die *Rolling Stones, Uriah Heep, Bad Company, Tom Waits, Roger Waters* oder *Alvin Lee*, und vorhin haben wir ihn ja bereits bei der Geburtstagssession zu *Alexis Korners* 50. Geburtstag gehört. Und selbst in Deutschland ist er kein Unbekannter: Bis Ende 2003 war er im TV als Mitglied der *Harald-Schmidt-Band* zu sehen.

Dieses facettenreiche Wirken von Mel Collins soll mit vier Titeln gewürdigt werden: Zunächst „Fingertips" von *Camel*, der Progressive-Rock-Band seines Freundes, des Gitarristen und Sängers *Andrew Latimer*.

Danach *Roger Chapman* und seine Band *Shortlist*, deren furioses Konzert 1979 in der Hamburger Markthalle mitgeschnitten wurde – daraus spiele ich „Moth To The Flame" – die Motten umschwirren also nicht nur bei *Marlene Dietrich* oder *Udo Lindenberg* das Licht! Der Gitarrist und Sänger *Alvin Lee* gehörte spätestens seit *Woodstock* mit seiner Bluesrockformation *Ten Years After* zu den weltweit gefeierten Stars der Konzertbühnen; vielen gilt er bis heute neben *Rory Gallagher, Johnny Winter* und *Eric Clapton* als bedeutendster weißer Bluesgitarrist.

Doch *Alvin Lee* konnte weit mehr als puristische Triomusik mit flinken Gitarrenläufen verzieren – 1974 trommelte er eine illustre Musikerschar zusammen und nahm unter dem schmucklosen Namen *Alvin Lee & Co.* bei einem Konzert im Londoner *Rainbow Theatre* das phänomenale Livealbum „In Flight" auf. Auf dem Rhythmusfundament von Schlagzeuger *Ian Wallace* und *Alan Spenner* am Bass konnte sich – neben Keyboarder *Tim Hinkley* und Gitarrist *Neil Hubbard*

– besonders *Mel Collins* am Tenorsaxofon mit seinem kultivierten, emotionalen Ton profilieren. Er ist bei dem Konzert übrigens auch sehr versiert an der Querflöte zu erleben. Aus dieser musikalischen Sternstunde habe ich für die heutigen Liverillen „Got To Keep Moving" ausgewählt.

Tja, und dann noch die *Dire Straits* um *Mark Knopfler* – von ihrem 1983

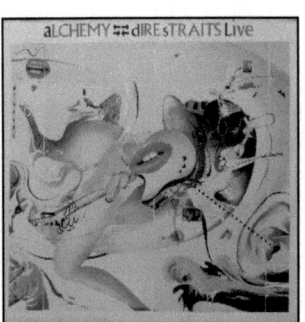

aufgenommenen Livealbum „Alchemy" gibt es „Two Young Lovers" zu hören.

Hier also am Stück *Camel, Roger Chapman, Alvin Lee* und die *Dire Straits* – jeweils mit *Mel Collins* am Saxofon!

Camel: Fingertips
Roger Chapman: Moth To A Flame
Alvin Lee: Got To Keep Moving
Dire Straits: Two Young Lovers

Kurz vor Schluss dieser Sendung nun noch ein paar Takte einer Band, die im Zusammenhang mit dem Saxofon nicht fehlen darf: *Colosseum*, 1968 in London vom Drummer *John Hiseman* und dem Saxofonisten *Dick Heckstall-Smith* gegründet mit der erklärten Absicht, Jazz, Blues und Rock zu versöhnen – was kaum einer anderen Band so gut gelang. Neben herausragenden Musikern wie dem Gitarristen *Dave Clempson*, dem Keyboarder *Dave Greenslade* oder dem Sänger *Chris Farlowe* war das Saxofon keineswegs nur Background oder Füllsel, sondern absolut soundbestimmend, zumal *Dick Heckstall-Smith*, von dem vorhin bereits im Zusammenhang mit *Alexis Korner* die Rede war, auf der Bühne eine imposante Erscheinung darstellte. 2004 ist er 70jährig in London verstorben.

Das 1971 aufgenommene Konzertalbum „Colosseum Live" gehört zu den besten Liveplatten der Rockgeschichte überhaupt und sollte in keiner Sammlung fehlen. Daraus jetzt… nein, mal nicht das legendäre „Lost Angeles", obwohl dort das Saxofon natürlich auch eine Rolle spielt, sondern „Tanglewood 63". Im Mittelteil werden wir eine Besonderheit seines Spiels erleben: *Heckstall-Smith* bläst gleichzeitig auf Alt- und Tenorsaxofon einen zweistimmigen Chorus – unbedingt drauf achten! Hier sind *Colosseum* mit *Dick Heckstall-Smith* am – besser gesagt: an *den* Saxofonen.

Colosseum: Tanglewood '63

Das war sie auch schon wieder, die 36. LiveRille hier auf Radio Corax, mit der sich das dritte Jahr dieser Sendereihe vollendet hat. Mit der nächsten Ausgabe starte ich dann also ins vierte Jahr, und für diese Sendung werde ich weitere Titel heraussuchen, deren Sound durch das Saxofon geprägt wird – die Palette reicht dann von *Supertramp* über *David Bowie* und *Sting* bis zu *Bruce Springsteen, Billy Joel* oder den *Rolling Stones.*

Zum Schluss dieser Ausgabe nun noch ein paar Takte ganz ohne Saxofon: Morgen – am 6. März – wird der Bluesgitarrist und Sänger *Walter Trout* 70 Jahre alt. Der in New Jersey Geborene zählt zu den wichtigsten weißen Bluesmusikern; er hat mit *John Lee Hooker* gespielt, war Mitglied bei *Canned Heat* und lange kongenialer Sideman von *John Mayall.*

Mit seiner eigenen Band war er ein oft und gern gesehener Gast in Deutschland; hoffentlich wird das bald wieder möglich sein. Dabei ist Corona nicht die einzige Unbekannte – auch die eigene Gesundheit von *Walter Trout* ist hin und wieder Anlass zur Sorge: Vor gut fünf Jahren wurde ihm eine neue Leber implantiert, finanziert übrigens durch eine Spendenaktion befreundeter Musiker und Fans!

Ich wünsche ihm natürlich gute Gesundheit und gratuliere mit „Cold Cold Feeling", einem Blues von *Jessie Mae Robinson*, erstveröffentlicht im Jahr 1952 von *T-Bone Walker* – hier in einer Liveaufnahme der *Walter Trout Band* vom dänischen Midtfyn-Festival 1989.

Walter Trout: Cold Cold Feeling

Quellen:

- Gato Barbieri & His Group: Live In Buenos Ayres 1971, LP, Dischi Ricordi, 1976
- Blood, Sweat & Tears: In Concert, Do.-LP, CBS, 1976
- Camel: A Live Record, Do.-LP, DECCA, 1978
- Roger Chapman and The Shortlist: Live In Hamburg, LP, Teldec, 1979
- Chicago: Live at the Isle of Wight Festival 1970, Do.-LP, Rhino, 2018
- Colosseum: Live, Do.-LP, Ariola, 1971
- Dire Straits: Alchemy, Do.-LP, Vertigo, 1984
- Folk Festival Of The Blues: Muddy Waters, Howlin' Wolf, Buddy Guy…, LP, B&W, 1983
- Howlin' Wolf: Live And Cookin' At Alice's Revisited, LP, Bellaphon, 2018
- Illinois Jacquet: Genius At Work! Recorded live at the Ronnie Scott Club London, LP, Intercord, 1971
- Johnny And The Hurricans: Live In Hamburg, LP, TELDEC, 1981
- B. B. King: Live In Cook County Jail, LP, MCA, 1971
- Alexis Korner And Friends: O. T., LP, AMIGA (Übernahme von Intercord), 1982
- Alvin Lee & Co.: In Flight, Do.-LP, Chrysalis, 1974
- Lighthouse: Lighthouse Live! (Carnegie Hall), Do.-LP, Bellaphon, 1972
- Live From MIDEM Cannes, France (Pat Metheny, B.B. King, Dave Brubeck), LP, Johnny Rivers and his L. A. Boogie Band: Last Boogie In Paris, LP, WEA, 1974
- Walter Trout Band: Life In The Jungle (teilw. live), LP, Provogue, 1990

No. 37: Vom Saxofon (Teil II) zur Bluesharp
April 2020

Willkommen zur 37. LiveRillen-Ausgabe hier auf Radio Corax, mit der die Sendereihe tatsächlich in ihr viertes Jahr startet.

Ich hatte ja bereits angekündigt, dass ich in dieser Sendung den im März begonnenen Schwerpunkt Saxofon fortsetzen werde, denn bei meinen Recherchen bin auf überraschend viel und so gutes Material gestoßen, dass es mit den 120 März-Minuten einfach nicht getan war. Den 175. Namenstag hat das Instrument ja nun hinter sich, denn die Patentanmeldung erfolgte am 21. März 1846.

Aber vielleicht ist auch euch unangenehm aufgefallen, was mir erst im Nachhinein bewusst wurde: In der Märzsendung kamen ausschließlich männliche Saxofonisten ans Rohr, und das geht natürlich gar nicht, weil das so gezeichnete Bild auch gar nicht stimmt: Es gibt sehr wohl exquisite Saxofonistinnen: im Jazz, im Blues, in der Rock- und Popmusik, man denke nur an *Barbara Thompson*, ihres Zeichens Musikbotschafterin des britischen Empire, Mitglied des gleichnamigen Ordens und Witwe des 2018 verstorbenen Schlagzeugers *John Hiseman*, der 1968 gemeinsam mit dem Saxofonisten *Dick Heckstall-Smith* die Jazzrock-Band *Colosseum* gegründet hatte, mit deren Musik die März-Liverillen endeten – ihr erinnert euch vielleicht. Heute spielt die 76Jährige trotz einer Parkinson-Erkrankung noch immer in dieser legendären Band, die – wenn Corona es zulässt – Ende August an der Kulturbastion Torgau gastieren wird. (Wir wissen nun: Das Virus war stärker.)

Leider habe ich von *Barbara Thompson* keine Liveaufnahme anzubieten, dafür aber von *Ruthie Smith*, und die ist keineswegs schlechter: 1950 in Manchester geboren, gehörte die singende Saxofonistin zu Beginn der 1980er Jahre zu den Gründungsmitgliedern der *Guest Stars*, einer ausschließlich aus Musikerinnen bestehenden und äußerst beliebten britischen Jazz-Pop-Fusion-Band, die auf eine mitreißende Art lateinamerikanische, afrikanische und karibische Elemente mit Jazz und Rock vermischte und deren Konzerte eher ausgelassenen Partys glichen. Die *Guest Stars* lebten auf der Bühne einen fröhlichen Feminismus aus und verstanden sich als Kollektiv gemeinsam arbeitender und feiernder Menschen. So organisierten sie ihre Tourneen selbst und veröffentlichten ihre Platten im Independent-Segment. Jahrelang tourten die *Guest Stars* erfolgreich durch Großbritannien, die USA, Deutschland, Spanien und den Nahen Osten und veröffentlichten drei Alben, bevor sie sich 1989 trennten – musikalisch sind sie alle noch immer aktiv.

Ein Liveauftritt im Westberliner *Quasimodo* wurde im Mai 1987 mitgeschnitten und über das kleine deutsche Label *Eigelstein Musikproduktion* auf Vinyl veröffentlicht.

Ich bin sehr froh, eine dieser raren Scheiben zu besitzen, denn sie ist ein sicheres Mittel gegen Depressionen und schlechte Laune! Damit passt sie hervorragend an den Beginn dieser LiveRillen – hier sind die *Guest Stars* live in Berlin mit dem Stück „Repercussions", das die Saxofonistin *Ruthie Smith* gemeinsam mit der Perkussionistin *Linda de Mango* geschrieben hat!

The Guest Stars: Repercussions

Geballte Frauenpower aus Großbritannien – die *Guest Stars* 1987 live im Berliner *Quasimodo* mit *Ruthie Smith* am Saxofon – bei diesem Auftritt hatten die fünf Damen übrigens als Alibi-Mann den jamaikanischen Schlagzeuger *Cliff Wenner* mit auf der Bühne.

In der heutigen Liverillen-Sendung, die sich noch einmal dem Saxofon widmet, nun ein geografischer und zugleich auch stilistischer Sprung über den großen Teich nach Texas: Die *Juke Jumpers* wurden 1977 im texanischen Fort Worth gegründet, als *Jim Colegrove* und *Sumter Bruton* beschlossen, eine Band zu gründen, die Rhythm&Blues, Jump und Rockabilly im traditionellen texanischen Stil spielte. Das erste Konzert der Gruppe im Juni 1977 wurde im Quartett präsentiert: *Jim Colegrove* am Bass und Gesang, *Sumter Bruton* an der Gitarre, dazu der singende Gitarrist *Bud Johnson* und *Mike Buck* am Schlagzeug.

Danach wurde personell aufgerüstet, es gab mehrfach Umbesetzungen, und zehn Jahre später stieß der Saxofonist *Rene Ozuna* zur Band, um gemeinsam mit *Robert Harwell* eine *Juke Jumpers* Saxofon-Sektion zu gründen. Im Dezember 1987 spielten die *Juke Jumpers* ein Konzert im *Caravan Of Dreams* in Fort Worth. Daraus wurde ihre fünfte LP, veröffentlicht auf *Amazing* – sie trägt den schlichten Titel „Live!" Die Gruppe tourte dann 1989 weiter nach Europa, um beim belgischen *Rhythm and Blues Festival* und der *Blues Estafette* in Utrecht, Holland, zu spielen.

Und ich lege in dieser LiveRillen-Ausgabe einen Titel auf, den man getrost zu den modernen Bluesklassikern zählen darf: „Never Make Your Move To Soon" – *Beweg dich bloß nicht zu früh…! Stix Hooper*, der Drummer der *Crusaders*, hatte die Melodie auf einen Text von *Will Jennings* geschrieben, der als Songschreiber unter anderem mit *Frankie Miller* und *Steve Winwood* gearbeitet hat, und *B.B. King* brachte den Song 1978 heraus. Seither wurde er oft gecovert – unter anderem in dieser hörenswerten Version der *Juke Jumpers* vom Dezember 1987 – an den Saxofonen *Robert Harwell* und *Rene Ozuna*.

Juke Jumpers: Never Make Your Move To Soon

Die *Juke Jumpers* aus Texas und ihrer Mahnung, sich nur nicht zu früh zu bewegen.
Also beherzigen wir den Ratschlag und bleiben noch etwas im Süden der USA: Auch *Delbert McClinton* ist Texaner, inzwischen 80 Jahre alt, und er gehört zu jenen, die seit Jahrzehnten erfolgreich Rhythm&Blues, Country und Rockelemente mit Bluegrass zu einer heißen Americana-Mischung verarbeiten.

Zwei *Grammys* hat er als durchaus erfolgreicher Songschreiber dafür eingeheimst, und zumindest in den Staaten ist er eine Instanz der Szene.

Den Blues lernte er schon als Teenager kennen und lieben; er spielte in regionalen Bands, die unter anderem *Sonny Boy Williamson, Jimmy Reed* oder *Howlin' Wolf* begleiteten. Bei einer Europa-Tournee, die er als Mundharmonikaspieler in der Band von *Bruce Channel* unternahm, lernte er den jungen *John Lennon* kennen – die Behauptung, dieser habe von *McClinton* das Bluesharpspielen erlernt, gehört aber wohl ins Reich der Legenden.

Wie dem auch sei – *Delbert McClinton* würde ich immer nennen, wenn es um die am sträflichsten unterschätzten Künstler weltweit ginge. Und ich denke, wenn ihr ihn hört, könnt ihr dem zustimmen.

Von seiner 1989 bei *Alligator Records* erschienenen LP „Live From Austin" habe ich unter dem Aspekt des Saxofons zwei Stücke ausgewählt: Zunächst das *Otis-Redding*-Cover „Dreams To Remember" – wunderbar, die gefühlvollen Saxofonparts von *Donald Wise* und *Mark Kazanoff*

– und anschließend das mitreißende „Lipstick Traces" aus der eigenen Feder. Das erste Saxofon-Solo in diesem Stück spielt *Mark Kazanoff* auf dem Bariton-Saxofon, den abschließenden Chorus dann *Donald Wise* auf dem Tenor-Sax.

Delbert McClinton: Dreams To Remember / Lipstick Traces

Der texanische Sänger, Songschreiber und Bluesharpspieler *Delbert McClinton* mit seiner Band im Jahr 1981 live in Austin – eine fantastische Platte, leider hierzulande viel zu wenig bekannt, und deshalb erlaube ich mir, daraus noch einen weiteren Titel zu spielen – auch den natürlich in Anlehnung an unser Thema 175 Jahre Saxofon!

Dennoch will ich zumindest darauf hinweisen, dass in *McClintons* Band mit *Stephen Bruton* und *David Millsap* auch zwei der wichtigsten texanischen Bluesgitarristen zu hören sind. *Stephen Bruton*, der 2009 nur 60jährig einer Krebserkrankung erlegen ist, hat außer mit *McClinton* auch erfolgreich mit *Kris Kristofferson, T Bone Burnett, Bonnie Raitt, Christine McVie, Elvis Costello, Sonny Landreth* und *Carly Simon* zusammengearbeitet, teils als Gitarrist, teils als Produzent ihrer Platten. Und die *Dave Millsap Band*, die gibt es heute noch!

Zu *Delbert McClintons* Begleitern zählte über 20 Jahre hinweg aber eben auch der bereits erwähnte Tenorsaxofonist *Donald Wise*. Der US-Amerikaner, Jahrgang 1942, hat unter anderem mit *Taj Mahal, Willie Nelson, Huey Lewis* und dem Bluesrocker *Joe Ely* gespielt, aber auch mehrere Platten unter eigenem Namen veröffentlicht. Beim folgenden „Standing On Shaky Ground" wird er mit seinem Instrument zum kongenialen Dialogpartner von *Delbert McClinton*, und das ist wirklich hörenswert!

Den Song hat *McClinton* dann übrigens auch beim *Farm Aid Concert* 1985 in Illinois gespielt; einem Benefiz, das *Willie Nelson, Neil Young* und *John Mellencamp* ins Leben gerufen haben, um Bauernfamilien auf dem Lande zu unterstützen.

Hier ist *Delbert McClinton* im musikalischen Gespräch mit *Donald Wise* am Tenorsaxofon: „Standing On Shaky Ground".

Delbert McClinton: Standing On Shaky Ground

Dass es im Showgeschäft nicht immer gerecht zugeht, ist eine Binsenweisheit, die der Fall *Delbert McClinton* mal wieder bestätigt – neben Talent und einem mitunter sehr langen Atem gehören wohl immer auch ein bisschen Glück und Zufall dazu, um den Durchbruch an die absolute Spitze zu schaffen.

Tja und auch ihm ist es trotz großartiger Stimme nicht ganz gelungen – dem 1947 geborenen britischen Rocksänger *Jess Roden*, der schon mit 18 Jahren seine erste Band ins Leben rief, zeitweise bei *Mott The Hoople, Jim Capaldi* und *Keef Hartley* mitmischte und Mitte der 1970er Jahre mit den Ex-Doors *John Densmore* und *Robby Krieger* sowie *Phil Chen* am Bass und dem Keyboarder *Roy Davies* die *Butts Band* gründete, deren kraftvoller Bluesrock genau das richtige Umfeld für sein Organ herstellte.

Doch trotz Plattenveröffentlichungen, US-Tournee und Konzerten in England – dort unter anderem gemeinsam mit den *Kinks* – blieb der durchschlagende Erfolg aus; die *Butts Band* zerbrach und *Jess Roden* gründete eine eigene Truppe. Auch die existierte nur bis Anfang 1977, doch zum Glück liefen bei Konzerten Ende 1976 in Birmingham und Leicester die Recorder mit, sodass kurioserweise nach ihrer Auflösung noch die Liveplatte „Blowin'" erscheinen konnte. Und so können wir heute mit Bedauern feststellen, wie ungerecht die Welt doch ist, denn die *Jess-Roden-Band* hätte zweifellos ein größeres Echo verdient.

Jess Roden startete dann übrigens eine neue Karriere als Grafiker, er kombinierte Grafik mit Musik und nahm zwei Alben mit der neuen Band *The Humans* auf. Später gab es gelegentliche Live-Auftritte mit *Roy Wood, Roger Taylor, Brian May* oder *Paul Young.*

Ich lege jetzt mal diese Livekonserve vom Herbst 1976 auf den Plattenteller – die *Jess-Roden-Band,* zu der auch der in Southampton geborene Alt-Saxofonist *Ronnie Taylor* gehörte, covert hier einen Song, den ihr ganz sicher kennt. Aber es wird doch eine Weile dauern bis zum Aha-Erlebnis, so viel kann ich versprechen, und verschweige deshalb den Titel. Also aufgepasst – hier ist die *Jess-Roden-Band* live!

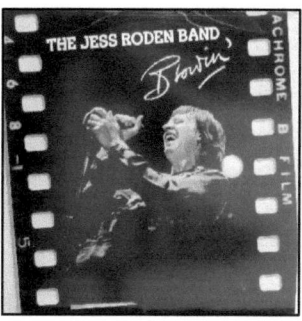

Jess Roden Band: Desperado

Tja, so kann der *Eagles*-Klassiker eben auch klingen, wenn sich *Jess Roden* seiner annimmt und *Ronnie Taylor* dazu ein wunderschönes Saxofon-Intro erfindet. Und weil *Randy Meisner,* der *Eagles*-Bassist, im Vormonat seinen 75. Geburtstag feiern konnte, hier als nachträgliche Gratulation noch rasch „Desperado" im Original vom 1980 erschienenen Doppelalbum „Eagles – live" – diesmal ganz ohne Saxofon.

Eagles: Desperado

Eine Band, die Mitte der 1970er Jahre den stadiontauglichen Mainstream-Rock gerade durch den Einsatz des Saxofons bereichert hat, muss in dieser Sendung unbedingt noch Erwähnung finden: *Supertramp!* Nachdem ihr erstes Projekt gleichen Namens noch gescheitert war, erklomm die von Keyboarder *Rick Davies* und dem Sänger und Multiinstrumentalisten *Rodger Hodgson* neu gegründete Gruppe mit ihrer Mischung aus stadiontauglichen Hymnen, ausgefeiltem Satzgesang, modern abgemischten Sounds und clever konstruierten Instrumentalpassagen weltweit die Charts und sorgte für ausverkaufte Tourneen. Vom Re-Start an dabei der 1945 geborene Saxofonist *John Anthony Helliwell,* der seinem Blasrohr einen oft geradezu schneidenden Ton entlockte, was trotz des sparsamen, dabei punktgenauen Einsatzes vielen Supertramp-Titeln genau das gewisse Etwas beisteuerte. Das demonstriert er quasi exemplarisch bei „The Logical Song", einem der großen Hits ihrer besten Zeit, die auch das Ende 1979 in

Paris aufgenommene Konzert auf der Doppel-LP gleichen Namens eingefangen hat.

1983 verließ *Rodger Hodgson* dann die Band zugunsten einer nicht sehr erfolgreichen Solokarriere – die Resttruppe machte unverdrossen weiter, auch wenn die Neuausrichtung hin zu jazzigeren Songs nicht an die früheren Erfolge anknüpfen konnte. Die Band existiert übrigens im Prinzip noch heute, auch wenn *Rick Davies* 2015 eine Krebserkrankung bekanntgemacht hat und es seither still geworden ist um *Supertramp*. Wir hören aus ihrer populärsten Phase „The Logical Song" mit *John Helliwell* am Tenorsaxofon.

Danach ein Song aus derselben Zeit von *Billy Joel*, dem US-amerikanischen Pianisten, Sänger und Songschreiber. In seiner Band bedient seit langem *Richie Cannata* das Saxofon. Selbst erfolgreicher Musikproduzent, unter anderem für *Celine Dion* und *Jennifer Lopez*, passt der studierte Musiker hervorragend in das versierte Ensemble, das die mal eher jazzigen, mal rockigen und mitunter auch chansonhaften Ideen von *Billy Joel* im Studio oder live umsetzt. Genau am heutigen Erstausstrahlungstag dieser Sendung – dem 5. März also – feiert *Richie Cannata* übrigens seinen 73. Geburtstag – herzlichen Glückwunsch!

Von der 1981 veröffentlichten Liveplatte „Songs In The Attic" habe ich „Say Goodbye To Hollywood" ausgewählt, bei dem *Richie Cannata* natürlich auch seinen Choruspart bekommt.

Vorher aber noch „Logical Song" mit *Supertramp*.

Supertramp: The Logical Song
Billy Joel: Say Goodbye To Hollywood

Ein Musiker, der in seinen theatralischen Kompositionen das Saxofon geradezu dramaturgisch einsetzt, war der 2016 verstorbene *David Bowie*. Das mag daran liegen, dass *Bowie* – der 1947 als *David Robert Jones* in Brixton geboren wurde – das Instrument selbst gut beherrschte und dessen Ausdrucksmöglichkeiten also bestens einschätzen – und damit auch einsetzen – konnte. Begonnen hatte er seine Künstlerkarriere nämlich dereinst tatsächlich als Jazzsaxofonist.

Seine Kunstauffassung wandelte sich aber bald zu der eines singenden Akteurs, der seine Songs häufig als mystische - oder besser psychedelische - Fantasy-Performance gestaltete. Und in den Arrangements des sich gern androgyn oder

feminin gebenden Bühnen-Chamäleons
schimmerte stets die Liebe zum Saxofon durch.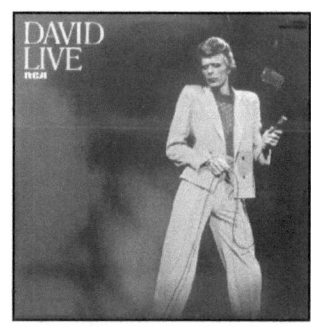
So ist es nicht verwunderlich, dass sich *Bowie*
sowohl im Studio als auch live der Mitarbeit
versierter Solisten versicherte: *David Sanborn* etwa
oder *Richard Grando* – beide hören wir gleich
gemeinsam. *David Sanborn*, inzwischen 75jährig,
gehört seit langem zu den weltweit führenden
Solisten auf dem Alt-Saxofon, also dem in Es-
Dur erklingenden, relativ hohen Instrument, das
beispielsweise auch *Charlie Parker* oder *Ornette Coleman* bevorzugten.
Richard Grando dagegen – seit 1969 fester Mitstreiter an der Seite von *David Bowie* –
bläst hier das Bariton-Saxofon, dessen sonorer Klang deutlich tiefer reicht –
zumeist verstärkt es damit das Bassfundament der Musik. Beide Instrumente
zusammen – das ist außerhalb des Jazz schon ein seltener Genuss. Den gönnen
wir uns jetzt mit „Changes" aus *David Bowies* 1974 aufgenommenem Livealbum
„At The Tower Philadelphia".
Danach ein Song von und mit *Tom Waits* aus dem Live-Soundtrack zu seinem
1988er Film „Big Time".
Tom Waits - schon immer Freund schräger,
ungewöhnlicher Klänge - lässt *Ralph Carney*, dem
in der Jazz- und Avantgarde-Szene beheimateten
Saxofonisten seiner Band, hierbei freien Lauf.
Möglicherweise klangen ja vor über 30 Jahren
Telefonate aus der Türkei tatsächlich noch so wie
das gequälte Instrument – hier ist jedenfalls *Tom
Waits* mit dem „Telephone Call From Istanbul" –
vorher *David Bowie* und „Changes".

David Bowie: Changes
Tom Waits: Telephone Call From Istanbul

Sicher denkt man beim Saxofon nicht zuallererst an die *Rolling Stones…* Dennoch
die Preisfrage an alle *Stones*-Fans: Was wäre „Brown Sugar" ohne das sägende
Tenorsaxofon von *Bobby Keys*? Der 1943 geborene Texaner müsste eigentlich als
vollwertiges Mitglied der *Stones* gelten, denn das aktuelle Quartett wäre ohne seine
langjährige Mitwirkung doch wesentlich ärmer geblieben. Doch was soll's? Die
Stones sind und bleiben eben die *Stones*. *Bobby Keys* jedenfalls stellte sein Können bis
zu seinem Tod im Jahr 2014 immer wieder in den Dienst der größten Rock'n'Roll-
Band der Welt, war aber auch für *Joe Cocker, John Lennon* oder *George Harrison* aktiv.
Pikant, dass er den Beinamen „Mr. Brown Sugar" trug – und so darf sein Saxofon

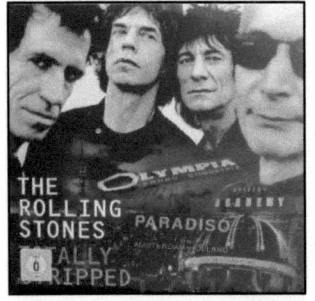

beim gleichnamigen Hit der *Stones* (den sie aktuell aufgrund von Rassismus- und Sexismus-Vorwürfen nicht mehr live spielen) natürlich nicht fehlen. Wir hören den Song hier vom 1995 aufgenommenen Livealbum „Totally Stripped".

Rolling Stones: Brown Sugar

Nach den *Stones* und „Brown Sugar" nun *Bruce Springsteen* mit „Spirit In The Night", das ohne das Saxofon von *Clarence Clemons* auch nicht vorstellbar wäre. *Clemons* war bis zu seinem Tod 2011 festes Mitglied der *E-Street-Band*, die der Boss Ende der 1970er Jahre um sich geschart hatte, und er wurde mit dieser 2014 postum in die *Rock and Roll Hall of Fame* aufgenommen –

sehr zu Recht, wie dieser Livemitschnitt aus dem Jahr 1978 im *Roxy* belegt.

Bruce Springsteen: Spirit In The Night

Clarence Clemons am Saxofon für den Boss und seine nächtlichen Geister – eine ziemlich wilde Geschichte um ausgeflippte Typen.
Als Dritter im Bunde großer Saxofonisten nun noch *Branford Marsalis*, der unter anderem mit *Miles Davis, Art Blakey* und *Dizzy Gillespie* gespielt hat, was bei einem heute gerade mal 60Jährigen durchaus etwas heißen will. Er begleitet hier *Sting*, den einstigen

Police-Frontmann, bei „Driven To Tears", einer harmonischen Begegnung von Jazz und Rock, aufgenommen am Vorweihnachtsabend 1985 in Paris.

Sting: Driven To Tears

„Driven To Tears" von *Sting* mit dem großartigen *Branford Marsalis* am Tenorsaxofon! Und damit zu einer Band, deren geradezu legendärer Ruhm als Live-Act sich auch daran ermessen lässt, dass es von ihr deutlich mehr Konzert- als Studioalben gibt: *Government Mule (Gov't Mule)* – frei übersetzt der Amtsschimmel, der in jedweder Verwaltung fröhlich vor sich hinwiehert. In diesem Fall ist es also ein Maultier... oder vielleicht doch ein Chamäleon? Zumindest musikalisch könnte man diesen Eindruck gewinnen, denn die Band färbt ihre Musik – neben dem ihr eigenen Bluesrock – immer mal im Stile großer

Namen ein: Da gibt es etwa „Dark Side Of The Mule", also ausschließlich *Pink-Floyd*-Cover auf einem großartigen Doppel-Live-Album, und auch das „Sco-Mule" gemeinsam mit dem Jazzgitarristen *John Scofield*, oder eben „Stoned Side Of The Mule", und klar, dass diese steinerne Seite des Maultiers aus Songs der *Rolling Stones* besteht.

Das Schöne daran: *Gov't Mule* verlassen sich keineswegs auf die abgedroschenen Heuler, die einem zu den Ohren raushängen – weder „Satisfaction" noch „Honky Tonk Woman", kein „Jumping Jack Flash", kein „Start Me Up" und auch kein „Street Fightin' Man" finden sich auf dem Album, dafür einige selten gehörte Perlen wie „Slave", „Monkey Man" oder der „Ventilator Blues".

Aber vielleicht sollte ich die Band doch zunächst etwas vorstellen: Im Zentrum von *Gov't Mule* steht der Gitarrist und Sänger *Warren Haynes*, der in wenigen Tagen zarte 61 Jahre alt wird. Der US-Amerikaner hat seine Karriere in den späten 1980er Jahren allerdings bei ganz großen Hausnummern der Rockgeschichte gestartet: Er war an der Seite von *Dickey Betts* Gitarrist und Songschreiber der *Allman Brothers* sowie an diversen Nachfolgeprojekten von *Grateful Dead*-Musikern beteiligt, und in einer Liste des *Rolling Stone* wird er auf Platz 23 der hundert weltbesten Gitarristen geführt – ein eigenes Plattenlabel hat er auch. Und 1994 gründete er sein Bluesrock-Trio *Gov't Mule*, zu dem der *Dickey-Betts*-Band-Drummer *Matt Abts* und zunächst der damalige Bassist der *Allman-Brothers Allen Woody*, der allerdings schon im Jahr 2000 verstarb, gehörten. Seit 2008 ist nun der Schwede *Jorgen Carlsson* als fester Bassist bei *Gov't Mule* aktiv.

Diesen genial aufeinander eingespielten harten Kern hat *Warren Haynes* immer mal personell ergänzt und erweitert, um neben den eigenen straighten Bluesrock-Nummern Ausflüge in andere musikalische Gefilde zu unternehmen – so auch für die zwischen 2009 und 2015 entstandenen Liveaufnahmen für „Stoned Side", an denen beispielsweise der *Black-Crowes*-Gitarrist *Jackie Greene*, Keyboarder *Danny Louis* und der Saxofonist *Steve Elson* beteiligt waren.

Letzterer – Jahrgang 1953 und ein bekannter Musiker der amerikanischen Jazz- und Fusion-Szene – hat in seiner jahrzehntelangen Karriere unter anderem mit *David Bowie, Grace Jones, Peter Gabriel, Joe Jackson, Stevie Ray Vaughan*, den *Talking Heads* und sogar mit *Wolfgang Niedecken* gespielt – und hier hören wir *Steve Elson* am Saxofon gemeinsam mit *Gov't Mule* beim „Ventilator Blues" der Herren *Jagger* und *Richards*, und *Warren Haynes* beweist als Slide-Gitarrist, dass er auch mit dem Bottleneck umzugehen weiß.

Gov't Mule: Ventilator Blues

Der „Ventilator Blues" der *Rolling Stones*, hier eigenständig gecovert von *Gov't Mule* mit weiteren Gästen, zu denen auch der Saxofonist *Steve Elson* gehörte.

Das Saxofon war ja hier in einem intensiven musikalischen Dialog mit der Mundharmonika, der von *Jackie Greene* geblasenen *Bluesharp*, zu erleben – und das bietet wiederum Gelegenheit, noch einen etwas jüngeren Instrumentengeburtstag neben der 175 des Saxofons zu würdigen: Die diatonische Mundharmonika, entwickelt von der Firma *Hohner*, wurde 1896 vorgestellt – sie wird also in diesem Jahr 125! Dass die Mundharmonika seither vor allem im Blues und der Countrymusik zu Hause ist, liegt nahe, doch hin und wieder hat sie sich – als klanglicher Effekt sozusagen – auch in den Mainstream verirrt. Ein Beispiel ist mir aus eigenen Jugendtagen noch gut in Erinnerung – seinerzeit ging mir diese sehnsuchtsvolle Melodie wirklich zu Herzen – nun ja, ich war 16! Und es ist eine Hymne auf die Solidarität gerade mit den Schwachen – „He Ain't Heavy, He's My Brother" - dafür war ich doch sehr empfänglich.

Überhaupt waren die *Hollies* in den späten 1960er Jahren groß angesagt, zeitweise mit mehr Titeln in den Charts vertreten als die *Beatles* oder die *Rolling Stones*. Grund dafür waren ihre eingängigen Melodien, der harmonische Satzgesang, die instrumentale Abwechslung und sicher auch ihr irgendwie sauberes Image – für echte Skandale taugte die schon 1962 gegründete britische Band einfach nicht! Und trotz mehrfacher personeller Umbesetzungen existieren die *Hollies* ja bis heute.

Ihr „He Ain't Heavy, He's My Brother" ist – was kaum jemand weiß – eigentlich ein Coversong: Im Frühjahr 1969 hatte ihn der amerikanische Singer/Songwriter *Kelly Gordon* veröffentlicht, doch auch er hatte das Stück nicht selbst geschrieben: Die Melodie zum Text von *Bob Russell* steuerte *Bobby Scott* bei – beides seinerzeit durchaus bekannte Figuren in der US-amerikanischen Musikszene und Produzenten von *Kelly Gordons* LP.

Zum Hit aber wurde erst die ein halbes Jahr später veröffentlichte Fassung der *Hollies*, gesungen von *Allan Clarke*. Und am Piano saß bei der Studioaufnahme kein geringerer als *Elton John*! Ich spiele eine Liveversion aus dem Jahr 1976, ohne *Elton John*, aber natürlich mit *Allan Clarke*, der auch die Mundharmonika schluchzen lässt.

The Hollies: He Ain't Heavy – He's My Brother

„He Ain't Heavy – He's My Brother" – was für eine schöne Botschaft einer sozusagen sanften Revolution.

Im Kontext der Mundharmonika nun noch ein Künstler, der schon aufgrund seiner grandiosen Stimme über Jahrzehnte hinweg als singulär wahrgenommen wurde: *Leonard Cohen*. Seit seinem unverwüstlichen Hit „Suzanne", 1966 zunächst von *Judy Collins* auf Platte herausgebracht und ein Jahr später von *Cohen* selbst interpretiert, gehörte der gebürtige Kanadier bis zu seinem Tod 2016 zu den ganz großen Songwritern der populären Musik. Seine bildgewaltige Poesie machte ihn zunächst als Lyriker bekannt, der dann seine eigenen Texte vertonte und dem Qualität immer über Quantität ging – im Laufe von fünf Musikerjahrzehnten sind gerade mal 15 Studioplatten erschienen, doch jeder darauf enthaltene Song ist sozusagen eine Perle für sich – gerade weil seine Stimme eben nicht zum glänzenden Belcanto taugte.

Vom 2010 bei Columbia erschienenen Livealbum „Songs From The Road" habe ich „That Don't Make It Junk" ausgesucht, das wesentlich durch die Mundharmonika geprägt wird. Aufgenommen wurde der Song 2008 in der *O2-Arena London*, an der Harmonika *Dino Soldo*, ein in L.A. geborener Multiinstrumentalist und Maler, der heute übrigens mit seiner deutschen Frau in der Nähe von Köln lebt.

Leonard Cohen: That Don't Make It Junk

Der unvergessene *Leonard Cohen*, mit *Dino Soldo* an der Harmonika, der ich irgendwann noch eine ganze Sendung widmen werde! - und das waren sie dann auch, die 37. LiveRillen auf Radio Corax, die heute vom Saxofon zur Mundharmonika führten, was eine stimmige Überleitung zur nächsten Sendung ermöglicht: Im Mai wird Literaturnobelpreisträger *Robert Allen Zimmerman* alias *Bob Dylan* 80 Jahre alt, und daran kommen die LiveRillen natürlich nicht vorbei – die Sendung gibt's dann im Mai. Als Überleitung dorthin noch ein paar Takte *Bob Dylan* live mit Mundharmonika: „It's All Over Now Baby Blue" aus seinem legendären Konzert 1966 in der *Royal Albert Hall*.

Bob Dylan: It' All Over Now Baby Blue

Quellen:

- David Bowie: David Live At The Tower Philadelphia, Do.-LP, RCA, 1974
- Leonhard Cohen: Songs From The Road, Do.-LP, Sony Music, 2010/2017
- Bob Dylan: The Real Royal Albert Hall 1966 Concert, Do.-LP, Columbia, 2016
- Eagles: Live, Do.-LP, Elektra/Asylum, 1980
- Gov't Mule: Stoned Side Of The Mule, Do.-LP, Provogue, 2015
- The Guest Stars: Live In Berlin, LP, Eigelstein MP, 1987
- Hollies: Live Hits, LP, Polydor, 1976
- Billy Joel: Songs In The Attic, LP, CBS, 1981
- Juke Jumpers: Live, LP, Amazing Records, 1988
- Delbert McClinton: Live From Austin, LP, Alligator Records, 1989
- The Jess Roden Band: Blowin', LP, Island, 1976
- The Rolling Stones: Totally Stripped (1995), Do.-LP, Promotone, 2016
- Bruce Springsteen & The E Street Band: Live 1975-85, 5-LP-Set, CBS, 1986
- Sting: Bring On The Night, Do.-LP, A&M, 1986
- Supertramp: Paris, Do.-LP, A&M, 1980
- Tom Waits: Big Time, LP, Island, 1988

No. 38:   Runde Songwriter-Geburtstage
Mai 2021

Auf geht's zur 38. LiveRillen-Ausgabe, es ist Mai, es grünt und blüht und es wird geimpft, was die Kanüle hält! Das deutsche Stimmungsbarometerglas sollte trotz *Corona-Notbremse* also mindestens halbvoll sein, und es wird alles hoffentlich noch besser werden – vielleicht auch durch diese Sendung, zu der ich Stammhörer wie Neulinge sehr herzlich begrüße.

Frühlingsgefühle und Songwriting, das passt doch zusammen, und wenn dann auch noch ein paar ganz große Barden in diesem Monat runde Geburtstage feiern können, ist die Sendung ja eigentlich schon fertig. Als da sind: *Donovan Philip Leitch* – er wird am 10. Mai 75 Jahre alt wie auch am selben Tag *Dave Mason*, und natürlich *Robert Allen Zimmerman* alias *Bob Dylan,* der am 24. Mai seinen sage und schreibe 80. Geburtstag begehen wird!

Ach ja, und noch einen 75Jährigen Barden gilt es durchaus zu würdigen: Am 17. Mai feiert *Udo Lindenberg* garantiert seine *Corona-Panik-Sause* – das spare ich mir aber für eine spätere LiveRillen-Sendung auf!

Starten will ich mit dem Songschreiber, Gitarristen und Sänger *Dave Mason*. Mit 20 hatte es der Brite nach Jahren in diversen lokalen Bands immerhin zum Roadie der seinerzeit berühmten *Spencer-Davis-Group* gebracht, durfte also deren Lautsprecherboxen auf- und abbauen. Seine eigenen musikalischen Qualitäten kamen dann erst bei *Traffic* zum Tragen, die er gemeinsam mit dem *Spencer-Davis*-Keyboarder und Sänger *Steve Winwood* ins Leben rief, der bei *Traffic* zunächst auch Gitarre spielte. Hinzu kamen Drummer *Jim Capaldi* sowie *Chris Wood* an den Tasten sowie diversen Blasinstrumenten, die er später auch in *Ginger Baker's Air Force* einbringen würde.

Dave Mason selbst übernahm den Bass und den Gesangspart der neuen Band, die mit „Paper Sun", „Here We Go Round The Mulberry Bush" und „Hole In My Shoes" bereits im Gründungsjahr 1967 veritable Hits hatte – das „Loch in meinen Schuhen" erreichte sogar Platz 2 der britischen Charts!

Im Jahr 2018 hat das Label *London Calling* in einer limitierten Vinyl-Auflage Aufnahmen aus Radiosendungen der BBC vom Herbst 1967 veröffentlicht, bei denen *Traffic* live im Rundfunkstudio musizierten. Daraus jetzt die genannten Songs – wenn auch leider ohne Publikum…

Traffic: Paper Sun / Here We Go Round The Mulberry Bush / Hole In My Shoes

Dave Mason hat nach seinem baldigen Ausstieg bei *Traffic* in diversen Bands mitgemischt, war sogar zeitweise Mitglied von *Fleetwood Mac* und tourte mit *Buddy Guy, Blood, Sweat & Tears, Poco* und *Jim Capaldi* – so richtig lange hat er es allerdings nirgends ausgehalten. Dafür stellte er in der Folge aus befreundeten Musikern immer wieder eigene Bands zusammen, mit denen er jeweils durchaus beachtliche Platten herausbrachte – zudem profilierte er sich als Songschreiber, dessen Titel gern auch von anderen gecovert wurden. Bestes Beispiel sein sicher erfolgreichstes Stück: „Feelin' Alright", das er 1968 noch für *Traffic* geschrieben hatte – der große Erfolg kam allerdings erst später – und durch andere! So findet sich der Song unter anderem in den Setlists von *Three Dog Night, Joe Cocker, Isaac Hayes, Gladys Night & The Pips, Paul Weller* oder *Huey Lewis*, um nur einige zu nennen. Natürlich hat er ihn auch selbst stets im Konzertprogramm – so ist er auf der 1973 erschienenen Platte „Dave Mason Is Alive!" in einer keyboardlastigen Version zu hören, während die Fassung vom 1976er Doppelalbum „Certified Live" rockiger daherkommt – hier dominieren die teils mit Wah-Wah-Effekt versehenen Gitarren.

Ich denke, gerade in diesen Zeiten können wir einen Stimmungsaufheller dringend gebrauchen – deshalb gibt's die Versicherung, dass er sich prima fühle, nun gleich in drei ganz unterschiedlichen, durchweg spannenden Versionen zu hören. Zunächst *Dave Mason* selbst mit der erwähnten Version aus dem Jahr 1976 – am Bass begleitet von *Gerald Johnson* aus der *Steve Miller Band*, dazu *Jim Krueger* an der zweiten Gitarre, *Rick Jaeger* am Schlagzeug und *Mike Finnigan* an den Tasten.

Danach dann *Three Dog Night*, die das Stück bereits 1969 auf ihrem Konzertalbum „Captured Live At The Forum" präsentierten. Das Album erreichte in den USA immerhin Platz 6 der Album-Charts und Gold-Status. Die 1967 gegründete Band wurde insbesondere für ihre Livequalitäten gerühmt; durch eine clevere Songauswahl und nicht zuletzt die Möglichkeit, mit ihren drei Sängern *Danny Hutton, Chuck Negron* und *Cory*

Wells jedem Titel eine eigene Note zu verleihen, gehörten *Three Dog Night* jahrelang zu den bestverdienenden US-Bands – in ihrer großen Zeit beschäftigte ihre Firma, die *Three Dog Night Enterprises*, rund 150 festangestellte Mitarbeiter!

Etwa in dieser Größenordnung muss man sich wohl auch das Imperium vorstellen, das den 1944 in Sheffield geborenen *Joe Cocker* durch seine ruhmreichen Jahrzehnte begleitete, bis er 2014 dem Lungenkrebs erlag – kein Wunder bei täglich rund 40 Zigaretten! Und welcher Song hatte die Ehre, seine Debüt-LP „With a Little Help From My Friends" aus dem Jahr 1969 zu eröffnen? – Genau: „Feeling Alright"!

Wir hören die Liveversion aus dem Jahr 1990 – in *Cockers* Band unter anderem Keyboarder *Chris Stainton*, der auch für *Eric Clapton* die Tasten drückte und der das Arrangement von „Feeling Alright" besorgt hat, sowie *Phil Grande* an der Leadgitarre.

Hier kommt es also dreifach – das gute Gefühl: „Feelin' Alright"!

Dave Mason / Three Dog Night / Joe Cocker: Feelin' Alright

„Feelin' Alright" in gleich drei Versionen – ich hoffe, das hat sich auf euer Wohlbefinden positiv ausgewirkt!

Dave Mason versuchte sich auch als Produzent – so zeichnete er unter anderem für Produktionen von *Family* mit *Roger Chapman* verantwortlich.

Innerhalb der Szene ist *Dave Mason* offensichtlich gut vernetzt und ein gern gesehener Gast. So habe ich ihn in meinem Livearchiv auf mehreren Produktionen als Gitarristen, teils auch als Keyboarder entdeckt, so unter anderem bei den *Eagles*.

Mit der musikalisch hochinteressanten, allerdings ebenfalls nur kurzen Beteiligung an den wiederbelebten *Traffic* zu Beginn der 1970er Jahre soll die Würdigung von *Dave Mason*, der am 10. Mai seinen 75. Geburtstag begehen kann, für heute enden. Mit dabei waren die alten Weggefährten der ersten *Traffic*-Ära: *Steve Winwood, Jim Capaldi* und *Chris Wood*, hinzu kamen Bassist *Rick Grech* von der *Ginger Baker's Air Force*, der gefragte Drummer *Jim Gordon*, der unter anderem für *Joan Baez, Eric Clapton, Joe Cocker, Johnny Rivers* und *John Stewart* aktiv war, und der ghanaische Perkussionist „Reebob" Kwaku Baah, der auch bei *Eric Clapton's* legendärem *Rainbow Concert* mitwirkte; er ist 1983 während eines Konzertes mit *Jimmy Cliff* in Schweden nur 38jährig an einer Hirnblutung verstorben.

Zurück zu *Traffic* – in dieser illustren Neu-Besetzung gaben sie im Juli 1971 einige Konzerte in England, die mitgeschnitten und von *United Artists* auf der Liveplatte „Welcome To The Canteen" veröffentlicht wurden.

Daraus der alltagsphilosophische *Dave-Mason*-Titel „Shouldn't Have Took More Than You Gave". So sollte es sein, nicht wahr?!

Traffic: Shouldn't Have Took More Than You Gave

Nach *Dave Mason* und *Traffic* wechseln wir in den Mai-LiveRillen die Stilistik und kommen zu einem Singer/Songwriter, der auf den Tag genau so alt ist wie *Dave Mason: Donovan Philipp Leitch* wird ebenfalls am 10. Mai 75!

Geboren 1946 als Sohn eines Arbeiters im schottischen Glasgow, verschlug es den Zehnjährigen mit seiner Familie in einen Londoner Vorort. Dort muss er irgendwann eine Gitarre in die Finger bekommen haben, was zu dieser Zeit des Rock'n'Roll, der Folk-Bewegung und des beginnenden Bluesrevival wohl nicht ungewöhnlich war. 1964 jedenfalls taucht er quasi aus dem Nichts in der Fernsehshow *Ready, Steady, Go* der BBC auf und landet 1965 mit dem luftigen Melancholiker „Catch The Wind" seinen ersten Hit.

Seine Songs erreichten nie den Biss von *Phil Ochs, Tom Paxton* oder *Pete Seeger* und keinesfalls die poetische Höhe von *Bob Dylan, Harry Chapin* oder *Woody Guthrie*; dennoch oder vielleicht gerade wegen der leichteren Verdaulichkeit verkauften sich seine Platten in den 1960er Jahren wie geschnitten Brot.

Hinzu kam sein Hang zum Mystischen, das viele Deutungen der Texte zuließ, zum verklärten Mittelalter und zur Esoterik, und auch die östliche Meditation hatte es ihm angetan: Gemeinsam mit den *Beatles* reiste er 1968 nach Indien und nahm an einem mehrwöchigen Kurs des Gurus *Maharishi Mahesh Yogi* teil.

Siegfried Schmidt-Joos fasst das Phänomen *Donovan* so zusammen: *„Nicht immer konnte der Pop-Parzival in seiner sensiblen Natur-Poesie und seinen bilderreichen, pastoralen Song-Idyllen Sentimentalität, Kitsch und Klischees vermeiden, doch seinen Millionen Anhängern machte das nichts aus."*

Deren Begeisterung kühlte sich in den 1970er und 80er Jahren doch merklich ab, aber da hatte *Donovan* schon ausgesorgt und sich mit seiner Frau *Linda Lawrence*, die einen Sohn aus einer früheren Beziehung zum *Stones*-Gitarristen *Brian Jones* in die Ehe mitbrachte, auf sein Refugium in Irland zurückgezogen. Hin und wieder tauchte er auf den Konzertbühnen auf, tourte gar mit *Yes* um die Welt, es gab auch einige Plattenveröffentlichungen, alles ohne große Resonanz. Und wer ihn vor zwei, drei Jahren auf seiner damaligen Comeback-Konzerttour erleben musste, hat sich vielleicht auch gewünscht, er hätte es bei den Erinnerungen an seine große Zeit belassen – nun gut, Schwamm drüber!

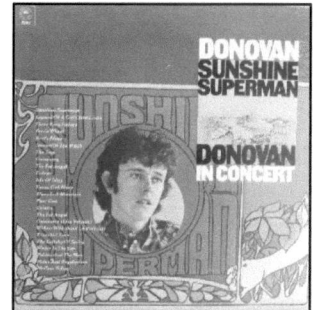

Hier ist *Donovan* live im Jahr 1968 mit seinen Songs „Poor Cow" und „Mellow Yellow".

Donovan: Poor Cow / Mellow Yellow

Nicht unwesentlich zu seinem Erfolg mag sein attraktives Äußeres beigetragen haben – ein schmaler Junge mit dunklen Locken und sanften Augen, der sich dennoch eine Zeitlang mit der Attitüde des anarchischen Weltverbesserers schmückte: Seine Gitarre trug den martialischen Aufkleber „This Machine Kills!"

Der Song allerdings, der am ehesten als politische Aussage gelten darf, stammt gar nicht aus seiner Feder: „Universal Soldier" ist ein Coversong der kanadischen Songschreiberin und Sängerin mit indianischen Wurzeln *Buffy Sainte-Marie* – heute lebt die inzwischen 80Jährige auf Hawaii. Für sie war Musik immer nur ein Teil ihres Lebens – sie hat Philosophie und Pädagogik studiert, das Lehrerdiplom und einen Doktortitel in Kunstgeschichte erworben, mehrere Ehrendoktorwürden verliehen bekommen und ist auch als bildende Künstlerin erfolgreich. Mehreren Kindergenerationen brachte sie zudem das Leben der nordamerikanischen Prärieindianer in der *Sesamstraße* näher, sie wurde zum *Officer Of The Order Of Canada* ernannt – das ist die höchste staatliche Auszeichnung für Zivilisten in dem nordamerikanischen Land – sie besitzt einen Stern auf dem *Canadian Walk Of Fame* und ist natürlich Mitglied der *Canadian Music Hall of Fame*.

Ihre Songs wurden unter anderem von *Joe Cocker, Neil Diamond, Janis Joplin, Phil Ochs, Elvis Presley, Taj Mahal* und *Nancy Sinatra* interpretiert, und auch *Bettina Wegner* hatte ihren „Universal Soldier" in einer deutschen Fassung im Konzertprogramm.

Hier noch einmal Donovan mit dem „Universal Soldier"; die Liveaufnahme stammt aus den 1980er Jahren.

Donovan: Universal Soldier

Soweit also die Würdigung des schottischen Singer/Songwriters *Donovan*, der am 10. Mai seinen 75. Geburtstag begehen wird.

Nun kommen wir aber zu der Persönlichkeit, ohne die es die populäre Kultur der Gegenwart in ihrer jetzigen Form wahrscheinlich gar nicht gäbe – sie wäre zumindest wesentlich ärmer: zu *Bob Dylan*, der in Kürze seinen 80. Geburtstag feiern kann, und seinem Einfluss auf Musik und Literatur, aber auch auf die Gesellschaft insgesamt – so etwa die Jugendbewegungen der 1960er und 70er Jahre. Vor genau drei Jahren, im Mai 2018, habe ich meine seinerzeit erst zweite LiveRillen-Sendung dem Thema „Dylan – fast ohne Bob" gewidmet (siehe Band 1 dieser Reihe) und dabei diverse Coverversionen von *Dylan*-Songs vorgestellt. Auch heute will ich *Bob Dylan* einerseits und einige seiner Interpreten, wenn man so will, neben- und vielleicht auch manchmal gegeneinanderstellen – *Dylan* ist ja ganz sicher der meistgecoverte Musiker überhaupt.

Die letzte Sendung klang aus mit ein paar Takten von „It's All Over Now Baby Blue"– das ermöglicht uns heute ein nahtloses Anknüpfen, ehe ich etwas mehr über den Meister selbst erzählen will. Hier ist der Song in einer Version von *Joan Baez*, der Weg- und zeitweise auch Lebensgefährtin von *Bob Dylan* – diese Aufnahme entstand 1970 in der *Arena Civica* in Mailand.

Vorab noch ein paar Worte zum Song selbst, den ich als Roadmovie, als Tramp-Song vom ständigen Unterwegssein, von Gewinn und Verlust lese – vielleicht eine Metapher des Lebens schlechthin – die letzte Strophe lautet in meiner freien Übersetzung:

Verlasse deine ausgetretenen Wege, irgendwas ruft nach dir / Vergiss die Toten, die du verlassen

hast, sie werden dir nicht folgen / Der Vagabund, der an deine Tür klopft, steht da in Klamotten, die du schon getragen hast / eben beginnt ein neues Spiel – und schon ist alles vorbei, Baby Blue.

Das hören wir uns jetzt in der Interpretation der inzwischen 80jährigen Folk-Ikone *Joan Baez* an – zur Zeit der Aufnahme war sie knapp 30…

Joan Baez: It's All Over Now Baby Blue

Joan Baez mit ihrer Fassung von *Bob Dylans* „It's All Over Now Baby Blue". *Siegfried Schmidt-Joos*, einer der ganz großen Musikauskenner, Wegbegleiter und Chronisten der Rock-Ära, hat 1984 in der Buchreihe „Idole" im *Ullstein Verlag* den noch heute lesenswerten Essay „Songs auf dem Hochseil" über *Bob Dylan* veröffentlicht – entstanden aus einer zehnteiligen Radioserie beim *Norddeutschen*

Rundfunk. Darin klebt er dem Meister zehn Etiketten auf, die Ausdruck seien für die schillernde Vielfalt eines Künstlers, der eben nicht in nur eine der traditionellen Schubladen populärer Kunst passt: Das Idol / Der Fälscher / Der Musikant / Der Politiker / Der Mystiker / Der Songschreiber / Der Dichter / Der Star / Der Außenseiter / Der Prophet!

Von alledem etwas und doch mehr als die Summe dieser Teile – so könnte man das Phänomen *Bob Dylan* umschreiben, das man dennoch in Worten nicht gänzlich erfassen wird, denn in jedem Falle gehören ja die Töne dazu, die oft schrammelnde Gitarre, die näselnde oder krächzende Stimme, die quietschende Mundharmonika, die hingefingerten Klavierakkorde – und sein Auftreten selbst, die zumeist desinteressiert wirkende Haltung auf der Bühne, die Blase, in der er sich von seiner jeweiligen Band abzuschotten scheint, und die scheinbare Ignoranz gegenüber dem Publikum.

Legendär sein Auftritt 1987 in Ostberlin – kein Wort zu uns, kein Wort zur Mauer, das Konzert eine Ratestunde in Sachen Titelerkennung, dann war Schluss – und offen blieb, ob *Dylan* überhaupt gewusst hat, wo und für wen er da gespielt hatte.

Doch es gibt auch die anderen Beispiele – seine frühen Konzerte mit *The Band* oder später mit *Tom Petty*, wo *Dylan* locker ist, fast fröhlich, und auf der Bühne zum Animateur werden konnte.

Und wer *Dylans* Autobiografie „Chronicles – Volume One" gelesen hat, die 2004 erschienen ist, wird sich möglicherweise verwundert die Augen gerieben haben, wie humorvoll und selbstironisch die Ikone darin vom Sockel herabsteigt und ganz menschlich und lebensprall herüberkommt.

Berührend schildert *Schmidt-Joos* etwa die Begegnung zwischen dem jungen, noch unbekannten *Bob Dylan*, der im Januar 1961 im New Yorker Künstlerviertel *Greenwich Village* aufschlägt, und der todkranken Folklegende *Woody Guthrie*, dessen Autobiografie „Bound For Glory" er zuvor gelesen hatte: Der Junge habe dem an einer Nervenkrankheit Leidenden in der Klinik seine Songs vorgespielt und ihm damit ein Lächeln entlockt. Und sein „Song For Woody" wird 1961 der erste Titel sein, für den *Bob Dylan* ein Copyright anmeldet.

Natürlich kann man sich bis heute über *Bob Dylan* den Schädel zergrübeln – oder aber es mit dem Meister selbst halten: „Don't Think Twice – It's Alright" – Denke nicht zwei Mal drüber nach – es ist schon in Ordnung!

Den Song hören wir jetzt auch gleich zwei Mal von *Dylan* selbst und doch ganz unterschiedlich – zunächst vom Livealbum „Before The Flood", das er 1974 gemeinsam mit *The Band* aufgenommen hat. *„Für Kritik oder zumindest Aufsehen*

sorgten Dylans herausschreiende, teilweise unmelodische und bis zur Unkenntlichkeit veränderte Interpretationen seiner eigenen Lieder", weiß Wikipdia über dieses Album zu berichten.

Bei diesen Konzerten trug Dylan allerdings etliche Titel solistisch vor, so auch „Don't Think Twice – It's Alright".

Im japanischen Sportpalast *Budokan*, der als Kampfsporthalle für die Olympischen Spiele 1964 in Tokyo errichtet worden war, spielte *Bob Dylan* Jahre später den Song dann mit einer gänzlich veränderten Rhythmik als Reggae – es entsteht eine durchaus tanzbare Version.

Bob Dylan & The Band / At Budokan: Don't Think Twice It's Alright

Nun ein Vierervergleich, bezogen auf *Bob Dylans* Song „I Shall Be Released" – ein Text, der auf mehreren Ebenen das Thema Gefangenschaft und Freiheit aufgreift und poetisch darstellt, sowohl aus der realen Perspektive des freigelassenen Häftlings als auch in quasi religiöser Überhöhung.

Zunächst *Bob Dylans* Fassung aus dem bereits erwähnten Konzert in der *Budokan* in Tokyo. Ziemlich straight gespielt; die rhythmische Verschiebung der letzten Refrainzeile verleiht dem Song eine zusätzliche Spannung. Hervorzuheben zudem das tolle Saxofonspiel von *Steve Douglas*.

Danach dann eine schlichte Akustik-Version von *Joan Baez* aus ihrem Album „From Every Stage", das sie 1976 aufgenommen hat – ganz pur – den Song tragen nur die Folkgitarre und ihre wundervolle Stimme.

Wieder anders kommt das Stück in der Interpretation des 1940 geborenen Country-Stars *Rick Nelson* daher – aufgenommen bereits 1969 mit seiner *Stone Canyon Band*, aus der ich – neben dem bei einem Flugzeugabsturz 1985 ums Leben gekommenen *Nelson* selbst – zumindest noch den Bassisten *Randy Meisner*, der später mit den *Eagles* eine Weltkarriere hinlegen wird, sowie den Drummer *Pat Shanahan* erwähnen will, der mit der Country-Band *New Riders Of The Purple Sage* erfolgreich war. Sie liefern gemeinsam eine schöne, runde und dadurch etwas glatte Fassung des Songs von *Bob Dylan* ab.

Und zur Krönung dann noch eine Allstar-Version vom legendären Abschiedskonzert von *The Band* aus dem Jahr 1978, zu dem neben 5.000 Fans auch zahlreiche Größen aus Rock-, Blues- und Country-Gefilden ins *Winterland* von San Francisco gekommen waren.

„The Last Waltz" ist das Ereignis überschrieben, das sowohl als Konzertfilm als auch in einer LP-Box mit drei Liveplatten zu den Meilensteinen der Rockgeschichte gehört – ich bin seinerzeit sicher zehn Mal in dem Film gewesen, der erstaunlicherweise auch in den DDR-Kinos lief: „I Shall Be Released" – *Bob Dylan* inmitten einer illustren Kollegenschar zum Abschiedskonzert von *The Band* im Jahr 1978: *Ich werde frei sein –* Nomen est omen...

Bob Dylan / Joan Baez / Rick Nelson / Dylan & The Band: I Shall Be Released

Große Erfolge mit dem eigenständigen Covern von *Bob-Dylan*-Songs feierte *Manfred Mann*, der 1940 in Südafrika geborene Keyboarder und Bandleader, in mehreren seiner Schaffensphasen zwischen Jazz, Pop und Rock.

Mit seiner ersten Pop-Band Mitte der 1960er Jahr waren „Just Like A Woman" oder „Mighty Quinn" veritable Hits; die Mighty-Quinn-Fassung von *Manfred Mann* erschien bereits Jahre vor der ersten authentischen *Dylan*-Produktion des Titels, die erst 1970 auf dessen Doppel-LP „Self Portrait" veröffentlicht wurde.

Amüsant auch jene Stelle in *Bob Dylans* Autobiografie „Chronicles – Volume One", in der er schildert, wie er sich ins Kino schleicht, um den Thriller „The Mighty Quinn" von 1989 mit *Denzel Washington* in der Hauptrolle zu sehen, der ja gar nichts mit seinem frühen Song zu tun hat, und dennoch meint *Dylan* – „*Witzig. Genauso hatte ich ihn mir beim Schreiben von ‚Mighty Quinn' vorgestellt. Denzel Washington. Er muss ein Fan von mir gewesen sein...".*

Zurück zu *Manfred Mann*, sicher auch einem Fan von *Bob Dylan* – mit seiner *Earth Band* hat er mit dessen Songs zumindest etliche Hits landen können. Einer davon ist „Shelter From The Storm", 1975 auf *Dylans* 15. Studio-LP „Blood On The Tracks" erschienen. Hier zunächst eine Livefassung von *Dylan* selbst aus seinem

Konzert in der Sporthalle *Budokan* in Tokyo im Frühjahr 1978 – anschließend die Live-Version der *Manfred Mann's Earth Band* aus dem Jahr 1998 – die Gitarrenarbeit von *Mick Rogers* und *Chris Thompson* ist absolut hörenswert! Suchen wir also zwei Mal Schutz vor dem Sturm!

Bob Dylan / Manfred Mann's Earth Band: Shelter From The Storm

Im Jahr 2003 ist im Münchener Verlag von Schirmer und Mosel eine empfehlenswerte Sammlung „Pop Lyrics der 60er Jahre" erschienen, die nicht von ungefähr den *Bob Dylan* entlehnten Titel „Tambourine Man" trägt. Dass die Zusammenstellung natürlich lückenhaft bleiben muss, liegt auf der Hand – kein Text der *Rolling Stones* ist drin, weil – so Herausgeber *Lothar Schirmer* – deren *„astronomische Honorarforderungen jedes Begehren"* abkühlten – das aber nur am Rande. *Bob Dylan* ist drei Mal vertreten, und *Elke Heidenreich* schreibt in ihrem sehr persönlich gefärbten Vorwort, *„die Texte … mussten uns erreichen. Sie mussten mit unserem Leben zu tun haben, und das hatten sie – allen voran bei Bob Dylan"*.
Bei diesem Song dürfte das allemal zutreffen: „Just Like A Woman", zweifellos einer der populärsten *Dylan*-Titel über die Attitüden einer scheinbar toughen, selbstbewussten Frau, die hinter dieser Fassade wie ein kleines Mädchen zerbricht. Offen bleibt, wer damit gemeint sein könnte – ich will mich an den wilden Spekulationen, die im Netz kursieren, gar nicht beteiligen. Immerhin findet sich „Just Like A Woman" in der vom *Rolling Stone* erstellten Liste der besten *Dylan*-

Songs auf Platz 4 wieder.
Wir hören das Stück in zwei Versionen: Zunächst *Bob Dylan* bei einem gemeinsamen Konzert mit *Tom Petty* und seinen *Heartbreakers* – *Petty* war ja einer der wenigen wirklich engen Vertrauten, die *Dylan* an sich heranließ; jahrelang haben sie bei den *Travellin' Wilburys* gemeinsam sehr entspannt gejammt.

Das im August 1986 aufgezeichnete Radiokonzert von *Dylan* und *Petty* ist als Vinylalbum 2015 bei *RoxVox* erschienen.

Die Version, die ich zum Vergleich anbieten will, stammt von *Helen Schneider* und ihrem 1979 erschienen Konzertmitschnitt „Live In Hamburg" – seinerzeit war die 1952 geborene US-Sängerin und Schauspielerin in Deutschland besonders populär, sie tourte gemeinsam mit *Udo Lindenberg* und durfte als erste westliche Künstlerin überhaupt im „Palast der Republik" in Berlin / Hauptstadt der DDR auftreten.

Später ist sie als Musical-Darstellerin erfolgreich und widmet sich dem Chanson, unter anderem singt sie *Kurt Weill* und *Bertolt Brecht*, die auch *Bob Dylan* inspiriert haben. In seiner Autobiografie schwärmt er ja von der *Drei-Groschen-Oper* und ihren *„Songs in klarer, harter Sprache … unberechenbar, arhythmisch und sprunghaft – verrückte Visionen"*, wobei er sich besonders vom Lied der Seeräuber-Jenny beeindruckt zeigt: *„Und das Schiff mit acht Segeln / Und mit fünfzig Kanonen / Wird entschwinden mit mir…."*
Hier aber entschwindet *Helen Schneider* durchaus nicht, sondern interpretiert *Dylans* Song auf wunderbar zarte und zugleich kraftvolle Weise: eben ganz „Just Like A Woman"…

Bob Dylan & Tom Petty / Helen Schneider:
Just Like A Woman

„Just Like A Woman" – was für eine Interpretation von *Helen Schneider!*
Einer der größten Irrtümer der Popkultur war es vielleicht, den komplexen Künstler *Bob Dylan* auf seine Rolle als Folk- und Protestsänger festlegen zu wollen. Sicher, dazu verleiten einige seiner Songs aus den 1960er Jahren, die mitunter – was bei *Dylan* höchst selten vorkommt – sogar unmittelbaren Zeit- und Gesellschaftsbezug aufweisen: „Masters Of War" etwa oder sein Dritter-Weltkriegs-Blues. Dennoch ist und wird dieses *Bob-Dylan*-Bild bis heute verbreitet, denn auch die ganz jungen Leute singen am Lagerfeuer zur Holzgitarre noch immer „Blowing in the Wind", „Chimes Of Freedom" oder „The Times They Are A Changing". Eine melancholische Protest-Idylle, gegen die sich *Dylan* zunehmend ruppig gewehrt hat – nicht zuletzt dadurch, dass er diese Titel entweder aus dem Konzertprogramm gestrichen oder aber sie so interpretiert hat, dass sie wie gegen den Strich gebürstet erschienen.
„Nobody sings Dylan like Dylan" – das ist zum stehenden Begriff geworden für seinen kreativen Umgang mit dem eigenen Werk.

Und am Schluss seiner Autobiografie „Chronicles" sagt es *Dylan* noch einmal so: *„Die Folkszene war ein Paradies gewesen, das ich jetzt verlassen musste wie Adam den Garten Eden. Sie war einfach zu perfekt."*

Und damit müssen wir auch die heutigen LiveRillen verlassen. Für den Schluss habe ich mir noch einen echten Leckerbissen des frühen *Dylan* aufgehoben: „Bob Dylan's Dream", der auf „The Freewheelin' Bob Dylan" als Studioversion enthalten ist. 2010 hat *Sony Music* zudem einen Mono-Mitschnitt vom Folkfestival an der *Brandeis University Waltham* in Massachusetts vom Mai 1963 veröffentlicht – ein wichtiges Dokument der Musikgeschichte, und auch darauf findet sich diese frühreife Traumbilanz, die mich von ihrem Gestus her immer wieder an die „Bestandsaufnahme" des jungen *Heinz Rudolf Kunze* denken lässt.

Und wovon träumt da der gerade knapp über Zwanzigjährige, dessen künftige Bedeutung zu diesem Zeitpunkt wohl noch niemand ahnt? „Bob Dylan's Dream" ist ein melancholisches Lied über Ideale und Verluste, über die Jugend und die Freundschaft. Es besingt den Traum von jener *Zeit, da es noch einfach war, schwarz von weiß und richtig von falsch zu unterscheiden. Wohin sind die Jahre verflogen, wo sind die Freunde geblieben – ich wünschte, dass wir einfach wieder beisammen wären…*

Ein würdiger Schlusspunkt also für die heutigen LiveRillen – die nächste Ausgabe (dann nachzulesen in den LiveRillen No. 4) präsentiert unter anderem Livemusik von *Gianna Nannini* und *Björn Afzelius* – bis dahin alles Gute und bleibt gesund!

Bob Dylan: Bob Dylan's Dream

Quellen:

> Joan Baez: Live In Italy, Do.-LP, Electrola, 1970
> Joan Baez: From Every Stage, Do.-LP, A&M, 1976
> The Band: The Last Waltz, 3-LP-Set, Warner, 1978
> Joe Cocker: Live, Do.-LP, EMI, 1990
> Donovan: Sunshine Superman | In Concert, Do.-LP, CBS, 1976
> Donovan: Mellow Yellow Live, LP, Joker, 1983
> Donovan: 25 Years In Concert (1982 – 86), LP, DINO, 1991
> Bob Dylan: In Concert Brandeis University 1963, LP, Columbia, 2010
> Bob Dylan: The Real Royal Albert Hall 1966 Concert, Do.-LP, Columbia, 2016
> Bob Dylan/The Band: Before The Flood, Do.-LP, Asylum, 1974
> Bob Dylan: At Budokan, Do.-LP, CBS, 1978
> Bob Dylan: Real Live, LP, CBS, 1984
> Dylan & Petty: Live On The Radio '86, Do.-LP, ROXVOX, 2015
> Manfred Mann's Earth Band: Mann Alive, Do.-LP, Creature Music, 2016 (orig. 1998)
> Dave Mason: Dave Mason Is Alive!, LP, Blue Thumb Records, 1973
> Dave Mason: Certified Live, Do.-LP, CBS, 1976
> Rick Nelson: In Concert / The Troubadour, 1969, LP, MCA Records,
> Helen Schneider: Live In Hamburg, LP, RCA, 1979
> Three Dog Night: Captured Live At The Forum, LP, ABC Records, 1970
> Traffic: Live On Air 1967, LP, London Calling, 2018 (neu)
> Traffic: Welcome To The Canteen, LP, United Artists Records, 1971

> Bob Dylan: Chronicles, Volume One. Kiepenheuer & Witsch, Köln, 2008
> Lothar Schirmer (Hrsg.): Tambourine Man. Pop Lyrics der 60er Jahre, Schirmer/Mosel, München, 2003
> Siegfried Schmidt-Joos: Bob Dylan: Songs auf dem Hochseil. In: Siegfried Schmidt-Joos (Hrsg.): Idole 1 – Von Hibbing nach Asbury Park, Ullstein, Frankfurt/Main, 1984

Index der Bands, Musiker und Stichworte

(nur Hauptnennungen)

Inhalt:

Nachsatz

Für meine Recherchen habe ich unter anderem die folgenden Quellen genutzt:

- Barry Graves/Siegfried Schmidt-Joos/Bernward Halbscheffel: Das neue Rocklexikon. 2 Bände, Hamburg, 1998
- Frank Laufenberg: Rock- und Pop-Lexikon. 2 Bände, Düsseldorf, 1995
- Frank Laufenberg: Pop Diary. Daten, Fakten, Geschichten, 2 Bände, München, 1995
- Manfred Langner: Beat-Lexikon. Vom Mersey-Beat bis zum Bubblegum – Die Sound-Invasion der Sixties, Berlin, 1999
- Thomas Jeier: Das neue Lexikon der Country Music. München, 1992
- Jürgen Wölfer: Lexikon des Jazz. München, 1993
- Ca. 200 weitere Musikbücher, Broschüren und Zeitschriften (z. B. „GoodTimes") sowie aktuell (II/2021) 965 Live-Alben in meinem Regal
- Wikipedia (deutsch/englisch)
- Diverse Band- und Fan-Websites im Internet

Nicht auszuschließen in der Darstellung sind natürlich objektive Fehler oder Ungenauigkeiten. Ich freue mich deshalb über jegliche Hinweise und Korrekturen unter der Mailadresse LiveRillen@gmx.de!

Die im Text geäußerten Bewertungen sind rein subjektiv. Das mag jeder anders sehen. Vielleicht bieten die LiveRillen euch und Ihnen aber Anregungen, sich mit den genannten Künstlern, Bands und Konzertereignissen erneut und vertiefend auseinanderzusetzen. Die meisten Platten sind in guten Second-Hand-Geschäften und/oder im Internet erhältlich; viele Konzertmitschnitte sind zudem auf diversen Audio- und Videoplattformen zu finden.

Nicht zuletzt möchte ich alle am Thema Interessierten einladen zu meiner monatlichen Rundfunksendung **LiveRillen** auf **Radio Corax**, UKW 95,9 (Raum Halle/Leipzig) sowie weltweit im Netz unter https://radiocorax.de/ - jeweils **am ersten Freitag des Monats von 16 bis 18 Uhr** sowie als Wiederholung **am dritten Sonntag von 12 bis 14 Uhr.**
Jeweils 12 Sendemanuskripte werden auch künftig in leicht bearbeiteter Form als Buch erscheinen und die bisherigen drei Bände fortsetzen. All das ist kein Ersatz für den livehaftigen Konzertgenuss, wohl aber eine mögliche Ergänzung.

In diesem Sinne: *„Let's listen to the music – and let's talk about it!"*

Raum für Notizen